A ESPECULAÇÃO FINANCEIRA

FOLHA
EXPLICA

A ESPECULAÇÃO FINANCEIRA

GUSTAVO PATÚ

PUBLIFOLHA

Editor
Arthur Nestrovski

Assistência editorial
Paulo Nascimento Verano

Capa e projeto gráfico
Silvia Ribeiro

Coordenação de produção gráfica
Marcio Soares

Assistência de produção gráfica
Soraia Pauli Scarpa

Revisão
Mário Vilela

Ilustrações
Mário Kanno

Editoração eletrônica
Picture studio & fotolito

Dados internacionais de Catalogação na Publicação (CIP)
(Câmara Brasileira do Livro, SP, Brasil)

Patú, Gustavo
A especulação financeira / Gustavo Patú. – São Paulo : Publifolha, 2001. – (Folha explica)

Bibliografia.
ISBN 85-7402-287-X

1. Especulação 2. Mercado de capitais – Avaliação I. Título. II. Série.

01-1679 CDD-332.645

Índices para catálogo sistemático:
1. Especulação Financeira : Economia 332.645

PUBLIFOLHA
Divisão de Publicações do Grupo Folha

Av. Dr. Vieira de Carvalho, 40, 11° andar, CEP 01210-010, São Paulo, SP
Tel.: (11) 3351-6341/6342/6343/6344 – Site: www.publifolha.com.br

Os leitores interessados em fazer sugestões podem escrever para Publifolha no endereço acima, enviar um fax para (11) 3351-6330 ou um e-mail para publifolha@publifolha.com.br

SUMÁRIO

INTRODUÇÃO: A ESCOLHA DAS PALAVRAS

Houve um ataque especulativo contra o Plano Real.

A maior parte dos jornalistas e políticos brasileiros nunca tinha ouvido a expressão até março de 1995. No dia 12 daquele mês, o então presidente do Banco Central, Pérsio Arida, começava assim uma entrevista publicada pelo jornal *Folha de S.Paulo*, a respeito do aparente caos recém-instalado na economia brasileira.

Não estava claro para ninguém o que se passava com a nova moeda do país, o real, que já havia reduzido a inflação a níveis quase civilizados e elegido um presidente que prometia estabilidade. Apenas uma semana antes, o Banco Central havia elevado o valor do dólar. Desde então, noticiava-se que investidores haviam iniciado um movimento maciço de compras da moeda norte-americana. Algo como US$ 4 bilhões deixariam o país até o final daquele mês. Insinuava-se que alguns bancos teriam obtido informações privilegiadas do governo para lucrar mais facilmente. Os juros haviam disparado, o que viria a provocar desemprego, inadimplência e quebra de bancos. Arida poderia ter explicado tudo de maneira mais simples, que todos entenderiam:

Os investidores acham que o Plano Real vai dar errado.

Com um artigo publicado em 1983,[1] Arida foi um dos pioneiros no Brasil da discussão sobre a importância da retórica no estudo da economia, ciência cujas teorias não podem ser provadas nem refutadas pelos métodos científicos. A retórica, a arte de convencer platéias, existe porque existem formas mais e menos convenientes de dizer a mesma coisa. As duas frases citadas acima parecem muito diferentes, mas apenas dizem o mesmo a partir de duas leituras possíveis sobre a atividade conhecida como especulação financeira.

A escolhida: em todo o mundo, bancos, corretoras e fundos de investimento possuem em seus quadros especialistas – alguns deles com o prêmio Nobel em seus currículos – em lucrar com a variação do preço de moedas, taxas de juro, empresas, imóveis, petróleo, até produtos agrícolas. Negociam diariamente bilhões de dólares, mas não estão interessados em fabricar produtos ou gerar empregos. Procuram unicamente chances de ganhar dinheiro no menor intervalo de tempo possível, e para isso possuem escritórios em locais tão diferentes como a Tunísia e a Tailândia. Quando encontram a oportunidade, sua ação é comparada à de piranhas que descobrem sangue num animal que atra-

[1] P. Arida, "A História do Pensamento Econômico Como Teoria e Retórica". Texto Para Discussão Nº 54 (1983). Departamento de Economia da PUC/RJ.

vessa o rio. Se acham que o dólar pode subir, investem o dinheiro que têm e o que não têm na compra da moeda, num "ataque" tão violento que o dólar acaba mesmo subindo.

O espaço para a atuação desses especuladores se multiplicou nas últimas décadas. A partir dos anos 70, os países deixaram que suas moedas variassem livremente, criando involuntariamente um enorme mercado para os que desejam apostar nas variações. A expansão da informática e a liberdade para a circulação internacional de capital permitem que, em minutos, uma mesma pessoa venda ações no Brasil e compre ouro nas Filipinas. Novas modalidades de aplicação criadas a cada dia permitem investir num negócio uma quantia várias vezes superior ao dinheiro que efetivamente se tem no bolso.

Uma proporção minúscula dos especuladores tem nome e sobrenome conhecido, mas há casos de vencedores e perdedores que ajudam a povoar o imaginário sobre o tema. De um lado, o húngaro radicado nos Estados Unidos George Soros se tornou o ícone do que se convencionou chamar de megaespeculador: ficou famoso por lucrar US$ 1 bilhão de uma só vez em 1992, quando apostou na desvalorização da libra, vencendo nada menos que o banco central da Inglaterra, que tentava manter o valor de sua moeda. De outro, Nick Leeson, um jovem de 28 anos, perdeu sozinho alguns bilhões no mercado de Cingapura, levou à falência em 1995 o tradicional banco inglês Barings e acabou preso.

Há outras formas de descrever os mesmos fatos.

Uma delas: a poupança é o primeiro passo para o desenvolvimento econômico e social. Poupar significa um sacrifício no presente, com objetivo de ganho maior no futuro. Pais deixam de gastar todo o dinheiro que têm agora para que seus filhos tenham vida melhor mais à frente. Trabalhadores guardam parte de seus salários ao longo da vida para ter maior conforto na velhice. Na sociedade, há pessoas que possuem dinheiro para economizar e pessoas que precisam de dinheiro para começar ou ampliar seus projetos. Bancos, corretoras e outras empresas do setor financeiro servem para fazer com que os dois lados se encontrem: recebem o dinheiro dos poupadores e o emprestam aos empreendedores; os lucros destes viram os rendimentos daqueles.

Entre os empreendedores em busca de recursos, estão empresários que vendem ações de suas companhias, agricultores que querem negociar sua safra e países que precisam financiar seu progresso ou controlar a inflação. Diante de alternativas tão diferentes, o sistema financeiro contrata especialistas para avaliar os riscos e as possibilidades de retorno de cada negócio. Boas oportunidades devem ser aproveitadas rapidamente, antes que todos os concorrentes as descubram. Transações de maior risco devem envolver uma parte menor do dinheiro disponível e ser abandonadas quando houver sinal de perigo, para minimizar as perdas dos poupadores e investidores.

Com o objetivo de tornar mais eficiente o encontro entre poupadores e empreendedores, o mundo facilitou o movimento de capital de país para país. Graças a isso, o Brasil pôde atrair algo como US$ 60 bilhões para suas reservas, o que permitiu tornar o dólar e os produtos importados mais baratos, pondo fim a uma inflação crônica que persistia havia décadas. México, Argentina e outros países latino-americanos fizeram o mesmo. Os países do Leste Asiático criaram empresas com tecnologia de ponta e reduziram enormemente seus índices de pobreza.

Para os muito interessados nos conceitos da nada exata ciência econômica, a escolha entre as duas visões é uma discussão sobre a racionalidade do mercado e/ou do sistema financeiro. Num sistema racional, investidores procuram o maior lucro possível e fogem da possibilidade de perder seu dinheiro. Individualmente, cada investidor ou especulador é movido apenas por ganância – ou medo. Já a ação conjunta deles resulta em benefícios para toda a sociedade, porque permite a seleção dos empreendimentos de maior retorno e o abandono de projetos inviáveis.

Do outro lado, está a descrição de um sistema financeiro mundial caótico, sem regras, sem controles, sem objetivos; um não-sistema, como se tornou comum classificá-lo.[2] Um cassino trilionário em que os perdedores costumam ser países de Terceiro Mundo que falham na tentativa de seguir o pensamento da moda nos grandes bancos multinacionais. Não há muito de racional aqui: o México, por exemplo, foi motivo de otimismo e grande alvo de investimentos de todos os tipos durante anos, antes de ter sido repentinamente abandonado no final de dezembro de 1994. Países do Leste Asiático eram chamados de "tigres" até suas moedas desabarem em 1997.

Mas há também um debate político por trás da escolha entre as duas alternativas. Se o sistema é racional, investidores procuram países que oferecem possibilidade de lucro por praticarem políticas econômicas corretas e viáveis e os abandonam se e quando entendem que há um risco de colapso. O culpado por eventuais problemas é o país, mais precisamente o governo

---

[2] Ver "O Não-Sistema Financeiro", em: João Sayad, *O Dólar*, nesta mesma série (Publifolha, 2001).

que o administra. Na outra versão para os fatos, são os especuladores que provocam o colapso econômico com seu vaivém irracional. O país e o governo apenas deram o azar de fazer parte do mundo.

Desde 1995, quando jornalistas, políticos e o público não-especializado do Brasil foram apresentados à discussão sobre a moderna especulação financeira, as duas leituras – e outras possíveis – têm se alternado nas reportagens, análises e discursos, dependendo das conveniências de momento, do humor e da ideologia de quem está falando. A entrada de dinheiro externo no país foi saudada como um sinal de otimismo de investidores confiantes no futuro, e, nos momentos de saída, os mesmos investidores foram chamados de especuladores; investigou-se a possibilidade de manobras espúrias por parte de bancos e seus especialistas, como espalhar boatos e obter informações privilegiadas para lucrar mais; observou-se, em momentos de crise, até organismos internacionais e países de Primeiro Mundo hesitarem nas suas convicções sobre o livre trânsito de capitais, para retomá-las quando voltava a prosperidade.

As páginas seguintes tratam da natureza e dos efeitos da especulação, sem a preocupação de escolher um lado do debate nem de permanecer sempre equidistantes do otimismo e do pessimismo.

O capítulo 1, quase uma segunda introdução, trata do papel da especulação e do sistema financeiro na economia de mercado; também apresenta os princípios básicos que movem a ação dos especuladores.

No capítulo 2, é abordado o mercado de ações, títulos privados e públicos, papéis que representam dívidas assumidas por empresas e governos; como os especuladores acabam impondo taxas de juro e padrões de conduta a empresários e governantes.

O tema do capítulo 3 é o mercado de derivativos, nome que remete ao que há de mais moderno no mundo financeiro: o que é, por que surgiu e como se tornou palco de apostas arriscadas e motivo de instabilidade.

O capítulo 4 é sobre o maior dos mercados financeiros, o de câmbio, em que se negocia o valor das diferentes moedas; é nele que ocorrem ataques especulativos como o mencionado por Arida.

As crises financeiras motivadas pela especulação, que fazem o mercado parecer um aglomerado de seres insanos, são exploradas no capítulo 5.

A Conclusão aproveita para discutir propostas de controle da especulação, ou mesmo de punição a especuladores: o que há além da retórica?

No final, um glossário de alguns dos termos mais comuns no noticiário sobre a especulação. Vários deles estão ausentes do resto do livro, que opta por evitar jargões, mas cada verbete remete ao capítulo em que aparecem a palavra ou as idéias correspondentes.

1. POR QUE EXISTEM ESPECULADORES

O filme *Tucker: um Homem e Seu Sonho*, de Francis Ford Coppola, conta como o norte-americano Preston Tucker promoveu uma pequena revolução no mercado de automóveis na década de 1940. Ele havia projetado um carro muito melhor que os existentes na época, mas não tinha dinheiro para fabricar nem sequer um protótipo. Com alguns desenhos na mão, a ajuda de amigos e um anúncio em revista, passou a vender ações da companhia que viria a criar para produzir o carro que levaria seu nome.

É para isso que empresas vendem ações. Quando não há capital suficiente para investir, buscam-se sócios. Quem compra uma ação ganha direito a uma parcela da empresa e dos lucros que ela vier a gerar. Tucker, como ele diria depois, se valeu do que a economia de mercado tem de mais belo, a possibilidade de criar – no caso, um carro que lançaria inovações como o cinto de segurança e os vidros que se quebram em pedaços minúsculos – a partir de nada além de uma boa idéia.

O filme, uma história real com narrativa de fábula, também é sobre o lado cruel do capitalismo: ameaçados, os concorrentes se uniram para aniquilar Tucker, que só conseguiu produzir 50 carros antes de ter sua empresa fechada pelas autoridades.

Há outra história real por trás da fábula, não explorada por Coppola. Na teoria, as pessoas que compraram ações de Tucker antes mesmo de o primeiro automóvel ter sido produzido (o Tucker era vendido como "o carro do amanhã") haviam acreditado em seu projeto e na possibilidade de obter lucro com ele. Teriam investido recursos duramente economizados para se tornarem sócias de um empresário novato e desconhecido, que poderia – como acabou acontecendo – transformar o dinheiro em pó. O filme faz acreditar que o projeto de Tucker era bom a ponto de levar gente comum a trocar a segurança da caderneta de poupança por uma aposta de risco.

Pode-se até aceitar que tudo isso tenha ocorrido. Muito mais difícil é imaginar um sistema que conte com a existência de pessoas assim para funcionar. De um lado, empresários geniais com idéias tão arrebatadoras que podem ser explicadas e vendidas de porta em porta. De outro, cidadãos comuns dispostos a arriscar o dinheiro da aposentadoria numa empresa recém-criada. Mas, efetivamente, companhias vendem ações e pessoas as compram. Por quê?

Porque existem especuladores.

Ou, mais precisamente, existe quem participe do mercado apenas para comprar as ações por determinado preço e vendê-las depois por um preço maior. Esse tipo de investidor pode negociar ações de companhias petrolíferas sem saber como o petróleo é extraído; investir em automóveis num dia e energia nuclear em outro, esquecendo o nome das empresas na semana seguinte. Pode analisar balanços e conferir estatísticas em busca de oportunidades de lucro rápido, ou simplesmente seguir seu instinto e confiar em sua sorte. Há especuladores de todos os portes, milionários capazes de comprar e vender empresas inteiras e amadores cujo *hobby* lhes rende um complemento ocasional do salário.

Os especuladores não planejam projetos empresariais nem pretendem ser sócios de empresas. Se dependesse apenas deles, não seriam produzidos nem sequer palitos de fósforo. Mas, num mundo sem especulação financeira, o empreendimento de Tucker seria muito mais difícil, talvez impossível: quem comprasse uma ação do empresário teria de estar disposto a dividir com ele todo o risco do negócio; esperar que a empresa desse lucro para obter rendimentos de periodicidade incerta; ter prejuízos nos períodos de crise; eventualmente, ver o valor da ação virar pó em caso de falência. Para se desfazer da ação, precisaria encontrar outra pessoa disposta a assumir os mesmos riscos.

Quem compra ações sabe que poderá vendê-las quando quiser, porque existe um mercado de ações, e existe um mercado de ações porque há muitos especuladores interessados em negociá-las. Sem especuladores, haveria empresas, é claro, mas elas seriam muito menos numerosas. Os projetos andariam mais devagar. Talvez os carros ainda hoje não tivessem cinto de segurança.

A especulação financeira – com ações, moedas, empréstimos, seguros – é um acelerador da economia capitalista, permite negócios e empreendimentos mais rápidos e baratos (quanto custaria a uma empresa procurar no mundo inteiro sócios para toda a vida?). Mas é óbvio que, com ela, as coisas ruins também acontecem mais rapidamente. Um simples boato sobre prejuízos no setor de construção leva especuladores a se desfazerem das ações de uma empreiteira; o movimento de venda faz o preço das ações – ou seja, o valor da empresa – despencar em poucos minutos; alarmados com a situação, fornecedores deixam de negociar com a empreiteira, que também tem dificuldade em conseguir empréstimos no banco. A falência pode chegar antes de o empresário conseguir desmentir o boato, quem sabe espalhado por um concorrente.

"Especular": a raiz *spec* significa "que olha", como também na palavra latina *speculum*, "espelho". Especular é, com base nas informações à disposição, imaginar eventos possíveis, suas probabilidades, seus riscos, suas recompensas. Jornais especulam sobre os possíveis candidatos à sucessão presidencial. Paleontólogos especulam sobre a temperatura do sangue dos dinossauros. Quem compra mais feijão porque acha que o preço pode subir está especulando.

Todos especulam em todas as atividades humanas. A economia de mercado gerou o especulador profissional – aquele, por exemplo, que estoca café esperando que o produto fique em falta e os preços subam. Ou o que compra terrenos numa área que tende a se valorizar no futuro. Ele não quer beber toneladas de café nem morar num bairro inteiro; quer apenas tirar proveito das informações que possui. A especulação financeira tem a peculiaridade de não lidar diretamente com o que os economistas chamam de ativos reais – produtos, imóveis, máquinas, empresas. Os especuladores financeiros lidam com valores, expressões numéricas que, às vezes de forma muito indireta, representam os ativos reais ou estão ligadas a eles.

É essa peculiaridade que faz o mundo da especulação financeira ser comparado a um cassino, onde simplesmente se aposta dinheiro para conseguir mais dinheiro. Se é levada em conta somente a motivação dos participantes, a comparação procede, e causa espanto (em muitos, indignação) que tantas pessoas, tantos estudos, tanta organização e tantos cuidados dos governos estejam voltados para essa atividade. Mas o que a discussão moral sobre a ganância humana não leva em conta – e faz toda a diferença – é que o cassino não serve a ninguém além de seu dono e seus clientes mais sortudos. A especulação, mesmo sem querer, é útil, mas sua utilidade não a descaracteriza como um problema; pelo contrário, torna-a um problema mais complicado.

A especulação é o combustível do sistema financeiro, formado por bancos, corretoras, distribuidoras, seguradoras, Bolsas de Valores, de Mercadorias, de Futuros e outros nomes menos conhecidos. O papel básico desse grupo de empresas e instituições é fazer com que o dinheiro que uns têm para aplicar vire o dinheiro de que outros precisam para investir.

Famílias, mesmo as mais humildes, procuram fazer economia, para a aposentadoria dos pais, para a educação dos filhos, para alguma emergência. Procuram os bancos, aos quais caberá administrar o dinheiro depositado, ou seja, fazer com que ele vire mais dinheiro para os depositantes. Para isso, o dinheiro é emprestado a juros para consumidores, empresários e governos – gente que, ao invés de poupar, quer gastar mais do que tem – ou investido em ações, moedas, qualquer negócio que possa dar lucro. Especialistas contratados avaliam os riscos e as probabilidades de retorno de cada operação. Não vão emprestar dinheiro para um mau pagador ou, se o fizerem, vão cobrar juros altos para compensar o risco. Não vão comprar ações de uma empresa que ande mal das pernas, a menos que os preços estejam muito baixos, podendo subir depois.

Sem os bancos, haveria sérios problemas para os que poupam esperando uma recompensa no futuro. Guardar numa gaveta ou debaixo do colchão significa perigo de ser roubado ou de ver a quantia perder seu valor em razão da inflação. A alternativa seria o próprio poupador procurar alguém a quem emprestar o dinheiro, correndo o risco de tomar um calote, ou buscar empresas ou negócios nos quais investir, ainda que nada entenda do assunto. Em resumo, as famílias teriam que, elas próprias, avaliar as chances e riscos de cada alternativa de aplicação para seu dinheiro. Numa palavra, especular.

Por esse ângulo, é o mercado financeiro que permite a pessoas avessas à especulação não especular. Esse trabalho cabe a especuladores profissionais, desligados do mundo dos ativos reais em que vive a maioria da população, dedicados apenas a transformar dinheiro em mais dinheiro. Mas a sociedade, que confia suas economias aos profissionais, às vezes se assusta quando os percebe em ação.

Um princípio muito simples rege a ação de todos os especuladores: quanto maior é o risco, maior deve ser o retorno esperado. No Brasil, a caderneta de poupança é a alternativa de aplicação mais segura. O rendimento é fixado em lei e igual em qualquer banco; não há impostos sobre os ganhos, que devem sempre superar a inflação; há garantia oficial para os depósitos até determinado valor, para o caso de o banco falir. Por que alguém, em vez de colocar dinheiro na poupança, prefere usá-lo na compra de ações de uma empresa que pode estar falida amanhã? Por ganância ou por necessidade, mas basicamente pela expectativa de conseguir um retorno maior que o da poupança.

Se os investidores acreditam que a ação de uma empresa vai render menos que a poupança, não há nenhuma razão para comprá-la; afinal, a caderneta é mais segura e dá ganho maior. Logo, só haverá pessoas querendo vender essa ação, ninguém querendo comprá-la. O preço da ação cairá até ficar tão baixo que volte a ser bom negócio comprá-la: agora, o rendimento esperado já será maior que o da poupança.

Em outro exemplo, digamos que a cotação do dólar, no Brasil, esteja em R$ 1,80 e se considere provável que no final do ano ela vá chegar a R$ 1,98, num rendimento esperado de 10%. Acaba de ser divulgada, porém, uma previsão de que a inflação brasileira será maior que a esperada para este ano. Instantaneamente, cresce a diferença de risco entre investir em reais e em dólares – o dólar se torna comparativamente um investimento mais seguro. O rendimento esperado de 10% se torna mais atraente que antes, e todos começam a comprar a moeda norte-americana. A cotação sobe até R$ 1,90, e agora se espera que atinja R$ 2 no final do ano. O retorno esperado caiu para 5%.

Empréstimos a pessoas, empresas e governos seguem a regra. Bons e tradicionais pagadores significam risco menor. De caloteiros, maus administradores e desconhecidos se cobram juros mais altos – eles precisam oferecer uma expectativa de retorno maior para compensar o risco de investir neles.

É essa a lógica por trás dos movimentos do mercado financeiro noticiados diariamente. Os investidores/especuladores/jogadores estão sempre avaliando e reavaliando os riscos e os retornos esperados de cada negócio a partir das informações disponíveis, que se

2. O PREÇO DA DÍVIDA

No capitalismo, R$ 1.000 hoje valem mais que R$ 1.000 daqui a um ano, mesmo que a inflação seja zero. Na primeira situação, além do dinheiro, dispõe-se de um ano para investi-lo e transformá-lo em mais dinheiro – dispõe-se de uma oportunidade. Dessa lógica se originam a matemática financeira e chavões como "tempo é dinheiro" ou "não deixe seu dinheiro parado".

Originam-se dela também a cobrança de juros, até hoje condenada por várias culturas e religiões, e boa parte da antipatia reservada a agiotas e especuladores. Para profissionais, seria um prejuízo emprestar ou investir R$ 1.000 e receber de volta a mesma quantia um ano depois. Parentes e amigos podem fazê-lo, assim como os governos em favor de alguns setores mais necessitados. Mas, para existir um sistema amplo e impessoal de poupança e investimento, as duas partes – quem empresta e quem toma emprestado – têm de sair ganhando.

De novo, uma questão de palavras: cobrar juros pode ser uma forma que os ricos encontraram para se tornarem mais ricos sem derramar uma gota de suor; pode ser também uma recompensa para os que poupam e permitem os investimentos capazes de melhorar o bem-estar da sociedade. Mais objetivamente, trata-se de definir quanto valem hoje os R$ 1.000 de amanhã.

Os juros são o preço do dinheiro, que não é uma mercadoria como outra qualquer. O preço do pão pode variar de uma padaria para outra; os juros variam não só de banco para banco, mas também – e principalmente – variam dependendo de quem está "comprando" o dinheiro. Consumidores no Brasil chegavam a pagar juros de mais de 200% ao ano no cheque especial em 1999; no mesmo ano, o governo dos Estados Unidos pagava taxas de 5% anuais para obter empréstimos. Quando se fala de quantidades, a lógica do mercado de dinheiro também é diferente. Uma loja que compra cem camisas de um fornecedor paga em geral menos por camisa que o consumidor comprador de apenas três camisas; mas, se a loja toma um empréstimo de R$ 20 milhões, pagará juros maiores que num empréstimo de R$ 2.000.

Há uma aparente injustiça nesses números, pois justamente os que mais necessitam do dinheiro são os que pagam mais por ele. O paradoxo se explica: as dívidas são especulação.

Uma das muitas frustrações da ciência econômica é não dispor de laboratórios para comprovar suas teorias e testá-las antes que sejam aplicadas nas sociedades em forma de políticas de governo. Essa é uma das razões do interesse despertado por um artigo publicado em 1977 pelo casal Joan e Richard Sweeney.[3]

O texto descrevia a experiência de uma comunidade de jovens casais moradores de Capitol Hill, em Washington. Para conciliarem a necessidade de cuidar dos filhos pequenos e o desejo de manter uma vida social ativa, os casais organizaram entre si uma cooperativa de *baby-sitting*, ou seja, de serviços de babá. Funcionava assim: quando um casal A queria ir ao cinema, deixava seus filhos aos cuidados de um casal B; este, pelo serviço, ganhava o direito de deixar seus filhos com outro casal quando desejasse ir, por exemplo, ao restaurante.

Para organizar a cooperativa, foi criado um sistema de cupons, ou vales. Os casais que tomavam conta dos filhos de outros ganhavam os vales, que poderiam usar depois para pagar o mesmo tipo de serviço, quando quisessem sair à noite. Depois de um início bem-sucedido, porém, o mecanismo chegou a um impasse quando os casais passaram a querer acumular vales, para estarem prevenidos em caso de programas inesperados. Aparentemente, não era difícil: bastava passar algumas noites em casa, cuidando dos filhos dos outros. No entanto, como a maioria dos casais teve a mesma idéia, quase não havia serviço de babá a fazer. À medida que ganhar vales ficou mais difícil, o desejo de obtê-los ficou maior, numa espiral que fazia mais casais ficarem em casa por um tempo cada vez maior. A vida social de todos piorou.

O caso foi usado para demonstrar como uma economia pode entrar em crise quando há mais pou-

---

[3] J. Sweeney e R. Sweeney, "Monetary Theory and the Great Capitol Hill Baby-Sitting Co-Op Crisis". *Journal of Money, Credit and Banking*, February 1977.

pança que investimento. Mas a cooperativa de *baby-sitting* serve ainda como uma espécie de maquete de um sistema financeiro em que houve especulação com os vales-babá. O sistema financeiro é baseado em dívidas – em Capitol Hill, as dívidas eram o compromisso de cuidar dos filhos dos outros.

As ações de empresas também são vales de uma dívida. Os donos investiram dinheiro nas companhias e esperam receber mais de volta, como qualquer credor, ainda que o valor e a data de recebimento sejam incertos.

As ações não são o único tipo de vale negociado no mercado. Empresas e governos fracionam suas dívidas mais convencionais – aquelas com juros, correção monetária e data de pagamento previamente combinados – em certificados conhecidos como debêntures, bônus, letras ou títulos. Quem compra uma debênture, por exemplo, ganha o direito de receber da empresa, dentro de seis meses, o valor corrigido por juros. Um título do governo brasileiro, como a LTN (Letra do Tesouro Nacional), dá a seu detentor o direito de receber R$ 1.000 dentro de um ano.

Ações, debêntures e títulos públicos são conhecidos genericamente como papéis, porque algum dia foram feitos de papel; hoje, grande parte desses certificados não passa de registros em computador. Todos são formas de empresas e governos se endividarem mais facilmente. Pode ser mais simples encontrar 100 mil pessoas dispostas a investir R$ 1.000 na compra de uma debênture do que um único banco disposto a emprestar R$ 100 milhões.

A expansão dos negócios com títulos está entre os responsáveis pela atual integração dos mercados mundiais: uma empresa brasileira pode vender bônus no mercado alemão para investidores tailandeses que conseguiram dinheiro vendendo ações na Bolsa de Nova York. Dessa forma, bilhões de dólares podem migrar de país para país em questão de minutos. Num sistema que dependesse exclusivamente de empréstimos bancários tradicionais, transações assim envolveriam alguns meses de negociação e burocracia.

As possibilidades de criação de papéis são infinitas. Há ações que dão e que não dão direito a voto nas decisões da empresa; há debêntures que podem ser convertidas em ações, a critério de seu possuidor; há bônus do governo federal cujo retorno é corrigido pela variação da inflação ou do dólar. Em 1997, o astro pop David Bowie vendeu US$ 55 milhões em títulos garantidos pela renda futura com direitos autorais de suas músicas, provocando discussões sobre a possível era em que celebridades serão negociadas nas Bolsas de Valores.

O mercado financeiro é um conjunto de instituições especializadas não só em emprestar e tomar emprestado, mas também em comprar e vender dívidas. Ações, debêntures, títulos públicos e todos os tipos de vale passam de mão em mão. Os credores se tornam temporários e anônimos – na maior parte do tempo, são especuladores.

Quando o governo precisa de mais recursos, faz leilões de títulos. Por exemplo, anuncia que está vendendo um lote de 1 milhão de LTNs, cada uma valendo R$ 1.000 dentro de um ano. Nesse leilão hipotético, cada papel é comprado pelo preço de R$ 800. É visível que o governo fez uma dívida de R$ 800 milhões e que os compradores fizeram um investimento desse mesmo valor. Um pouco de matemática financeira mostra ainda que a taxa de juro é de 25% ao ano (um ganho de R$ 200 para cada LTN comprada).

No dia 24 de maio de 1995, houve um leilão muito comemorado pelo governo Fernando Henrique Cardoso. Foram vendidos US$ 916 milhões em papéis no mercado do Japão – era o primeira venda de títulos públicos brasileiros no exterior desde 1982. Na década de 1980, o Brasil havia perdido a capacidade de pagar sua dívida externa, e ninguém queria investir no país, que afundou numa crise econômica. Na volta ao mercado externo, o governo brasileiro pagou juros anuais de 10,5% pelos títulos, cujo prazo de resgate era de dois anos.

Os operadores de mercado que decidiram comprar os títulos brasileiros no leilão estavam, em sua maioria, investindo o dinheiro de terceiros, seus clientes, poupadores. A maioria dos poupadores não quer saber de aventuras; o maior rendimento possível, sim, mas não a ponto de correr o risco de suas economias virarem pó. Se o dinheiro precisa ser emprestado, que seja ao devedor mais confiável.

Risco zero, a rigor, não existe. Entre os investimentos que mais se aproximam desse ideal teórico, estão os títulos do governo dos Estados Unidos. Afinal, trata-se de um devedor que arrecada impostos no país mais poderoso do mundo e é capaz de fabricar dólares, moeda aceita em qualquer lugar. A prudência manda, portanto, emprestar dinheiro ao governo dos Estados Unidos, e é o que a maioria gostaria de fazer. Só que o Tesouro norte-americano, obviamente, não precisa de todo o dinheiro poupado no planeta; os candidatos a emprestadores é que têm de disputar sua atenção. Pela lei da oferta e da procura, o governo dos Estados Unidos e os de outros países de economia e moeda fortes, assim como as empresas mais sólidas desses países, pagam os menores juros.

No dia em que o Brasil vendeu seus títulos no mercado japonês a juros de 10,5%, papéis semelhantes dos Estados Unidos pagavam 5,8% ao ano. A diferença de taxas, de 4,7 pontos percentuais, é o que o mercado chama de risco Brasil – a forma de medir a recompensa esperada por aqueles que decidiram correr perigo emprestando dinheiro a um devedor que já dera calotes na praça. Há agências internacionais, como a Moody's e a Standard & Poor's, especializadas em classificar, com notas, os riscos de cada país e cada empresa. A dívida norte-americana e as de outros países ricos têm as notas mais altas, o que as coloca na categoria considerada "investimento". As notas mais baixas estão na categoria chamada "especulativa"; pelo *ranking*, nos anos 90 emprestar ao Brasil ainda era um negócio "altamente especulativo".

Os governos e as empresas disputam a poupança existente no mundo de duas maneiras básicas: procurando parecer alternativas mais seguras de investimento ou oferecendo juros mais compensadores – quanto menor for o sucesso na primeira opção, maior tem de ser a carga da segunda. Os devedores considerados menos confiáveis têm de contar com os investidores mais propensos a riscos, que são exatamente os mais gananciosos. Não é preciso dizer como eles são conhecidos.

Não há muita polêmica em torno do que faz uma empresa ser considerada um investimento seguro. Se dela se esperam lucros ou perspectivas de crescimento, seus títulos devem conseguir boa aceitação, pois têm maiores chances de dar o retorno esperado. Uma empresa só é bem-sucedida se cumpre os seus compromissos em dia. Os investidores e os funcionários da empresa – a quem ela deve pagar salários mensalmente – pensam da mesma forma. Não há nada de anormal em uma companhia ser administrada de acordo com os interesses de seus credores; afinal, seus donos também estão entre eles.

Governos são considerados bem-sucedidos por razões muito diferentes. As sociedades querem emprego, segurança, educação, saúde, respeito às leis, variando as prioridades conforme a ocasião e o lugar. Muitos governos se endividam justamente para corresponder a essas demandas e ganhar votos; como nas empresas, usar dinheiro de terceiros eleva a capacidade de investir. A partir desse momento, uma parte da sociedade é também credora do governo, ainda que de forma indireta, ao confiar suas economias aos bancos que compram os títulos públicos. Espera-se que a LTN comprada a R$ 800 se valorize gradualmente, dia a dia, até valer R$ 1.000 dentro de um ano; é isso que permite aos bancos oferecer cadernetas, fundos, CDBs e outras aplicações que fazem o dinheiro poupado virar mais dinheiro no futuro, de forma segura. Espera-se, basicamente, que o governo seja um devedor confiável.

Os títulos do governo passam a ser avaliados constantemente pelos especialistas do mercado. Se antes do prazo de vencimento houver dúvida quanto às possibilidades de pagamento da dívida, o valor dos papéis cairá, com prejuízo para quem os comprou, para o governo, que terá de pagar juros mais altos se quiser se endividar de novo, e para as empresas do país, que serão consideradas mais arriscadas por estarem sujeitas a uma política econômica pouco sólida.

Títulos de governos considerados pouco confiáveis podem oscilar tanto quanto ações nas Bolsas de Valores, e essa oscilação – ou, como se diz no mundo das finanças, volatilidade – os tornará investimentos não muito apropriados para os poupadores mais comuns, que esperam retornos seguros em prazos mais longos. Os papéis só vão interessar aos especuladores, mais dispostos a correr riscos em busca de lucros rápidos com a variação de preços.

Há especuladores que reviram os indicadores do país e do governo na hora de comprar um título: o presidente pode estar tomando medidas que melhorarão o desempenho da economia e valorizarão os papéis no futuro, ou o contrário. Outros acompanham a variação dos papéis no tempo, calculam médias, fazem gráficos e procuram estabelecer o que tem mais chances de acontecer no futuro, num exercício de probabilidade e estatística.

Nessa altura dos acontecimentos, os políticos já não governam apenas para seus eleitores. Os investidores querem saber seus planos, as estatísticas, o custo dos projetos. Uma decisão considerada imprópria pode fazer a Bolsa cair, os juros subirem, empresas quebrarem e trabalhadores serem demitidos. É mais um motivo para reclamar dos especuladores: os governos não se sentem muito confortáveis sendo, para o mercado, pouco mais que uma dívida, um grau de risco e uma expectativa de retorno.

3. DERIVATIVOS DERIVAM DO MEDO DO FUTURO

O desenvolvimento dos computadores deve muito às tentativas de prever o futuro do clima e da economia. Nos anos 50 e 60, a meteorologia acreditava que a temperatura, as chuvas e os ventos obedeciam a regras matemáticas similares às que permitem antecipar com razoável precisão os eclipses e a rota dos cometas. Nas décadas seguintes, economistas tentaram o mesmo em relação à produção de bens, ao desemprego e à variação de preços. As duas ciências entendiam que lidavam com um número muito maior de variáveis, mas supunham que uma máquina potente o bastante poderia dar conta de todos os cálculos necessários e obter previsões com grande antecedência e grau de acerto. Nenhuma delas teve êxito, mesmo com todo o progresso da informática.

Quase por acaso, em 1961, o meteorologista norte-americano Edward Lorenz descobriu que desvios insignificantes em seu programa de computador modificavam completamente as previsões climáticas produzidas. Da experiência, Lorenz concluiu que, em sistemas complexos, as pequenas imprecisões aceitáveis em outros ramos da ciência tomam proporções gigantescas, eliminando a possibilidade de previsão pelas técnicas convencionais. "Um Bater de Asas de Borboleta no Brasil Provoca um Tornado no Texas?", indagava sua famosa conferência, em 1972.[4] Assim começou uma nova ciência, batizada de estudo do caos, que procura encontrar padrões para fenômenos aparentemente aleatórios.

Das atividades econômicas, a agricultura é uma das mais antigas e a que mais convive com as incertezas do tempo. Desde muitos séculos antes do surgimento da teoria do caos, agricultores sabem dos riscos a que estão expostos: se o clima for desfavorável em excesso, não haverá o que colher e, conseqüentemente, o que vender no mercado; se for favorável em excesso, a abundância de produtos fará os preços e os lucros desabarem. É preciso investir trabalho e dinheiro no plantio, muitas vezes fazendo dívidas, e, se tudo der errado, será preciso esperar a época certa para tentar outra vez.

Uma forma de atenuar a insegurança, quase intuitiva, já era empregada na Idade Média. Agricultores e comerciantes organizaram centros para o comércio de produtos, combinando entre si padrões de qualidade e preço e regras para participar do mercado. Eram os primeiros ensaios para as Bolsas de Mercadorias, que, depois, permitiriam um novo tipo de

---

[4] E. Lorenz, "Predictability: Does the Flap of a Butterfly's Wings in Brazil Set Off a Tornado in Texas?". Sociedade Americana Para o Progresso da Ciência, Washington, 29 de dezembro de 1972.

negócio: em vez de esperarem a colheita, agricultores e comerciantes fechavam com antecedência a venda da safra, a valores previamente acertados. Os primeiros procuravam garantir um preço considerado razoável para sua colheita, mesmo abrindo mão da possibilidade de ter um lucro maior em caso de escassez; do outro lado, os compradores também queriam evitar surpresas com os preços, mesmo perdendo a chance de comprar mais barato se o tempo ajudasse. Trocava-se a oportunidade de um negócio excelente, mas duvidoso, por um negócio razoável, mas certo – minimizando o risco de um negócio desastroso para uma das partes.

A idéia funcionou, é usada até hoje e serve não apenas para produtos agrícolas, mas para tudo que os negociantes queiram, inclusive ouro, moedas, títulos e ações. Em sua evolução, o sistema incorporou alguns elementos novos que mudaram completamente sua natureza; ele se transformou num dos maiores palcos da especulação financeira, conhecido por um nome hoje associado a lucros e perigos quase incalculáveis: o mercado de derivativos.

Nos primeiros mercados com preços futuros, quem negociava tentava basicamente reduzir seus riscos. Embora a idéia faça sentido, não é difícil imaginar as dificuldades de colocá-la em prática. Os agricultores precisavam encontrar, entre os potenciais clientes, quem estivesse disposto a pagar o preço desejado e comprar as quantidades previstas. Quanto menores os mercados, mais difíceis e lentos os acordos; quanto mais difíceis e lentos os acordos, menores as chances de os mercados crescerem.

A expansão comercial e financeira que daria início ao capitalismo cortou esse nó. Simples: pouco a pouco, o mercado passou a contar também com participantes que não desejavam evitar o risco; pelo contrário, queriam assumi-lo e lucrar com ele. Comprometer-se com uma compra de trigo recém-plantado não para fabricar pão no futuro, mas por acreditar que a safra será ruim e que o produto será revendido por preços mais altos – ou vender apostando no contrário. O número de participantes do mercado se multiplicou, as possibilidades de negócio também, e os acordos entre compradores e vendedores ficaram mais fáceis e rápidos.

As Bolsas de Mercadorias, agora também chamadas de Bolsas de Futuros, se organizaram para atrair os especuladores e disciplinar sua ação – ou, mais apropriadamente, deve-se dizer que especuladores organizaram as modernas Bolsas de Mercadorias e Futuros. Ainda hoje, a serventia delas continua sendo permitir a redução de riscos para a economia em geral; a esmagadora maioria de seus participantes, porém, quer apenas lucrar com apostas na variação de preços.

Uma empresa com dívida externa a ser paga dentro de um mês pode comprar dólares no mercado futuro a uma cotação que considere razoável, prevenindo-se contra uma alta exagerada da moeda norte-americana nesse espaço de tempo. O negócio é possível porque existe uma infinidade de investidores apostando diariamente nas oscilações do câmbio. Um especulador, acreditando que o dólar vai cair abaixo do preço desejado pela empresa, faz a venda.

Para que as coisas andem ainda mais rápido, aboliu-se a necessidade de levar malas carregadas com cédulas verdes de dólar para a Bolsa. Basta assumir um contrato determinando que uma parte pague à outra, em moeda nacional, a diferença resultante da variação do câmbio (*ver ilustração na página seguinte*). O efeito é o mesmo: se o dólar subir no mercado à vista, como teme a empresa do exemplo, o especulador a compensará com a diferença em reais; se o dólar cair, será a empresa que pagará ao especulador.

A empresa entra no jogo para empatar: se o dólar subir no mercado à vista, ela pagará mais reais por sua dívida externa, mas esse prejuízo será igual ao lucro que terá no mercado futuro; se o dólar cair, a dívida ficará menor, e esse ganho cobrirá a perda no mercado futuro. Já o especulador entra para ganhar ou perder. É ele quem assume os riscos.

Pode-se passar a vida toda apostando milhões de dólares na Bolsa de Futuros sem nunca pôr as mãos em uma única cédula de US$ 1, e o mesmo vale para café, soja, ouro, energia elétrica, qualquer coisa que as Bolsas decidam negociar. Como não há necessidade de entrega física de mercadorias, os contratos podem ser baseados até em variações de coisas que não têm existência material, como taxas de juro e índices da Bolsa de Valores. É claro que os negócios são baseados no que acontece nos mercados à vista de produtos agrícolas, minérios, moedas, ações etc.; eles são derivados destes – daí o nome de derivativos. É o mais perto que o mundo financeiro chegou de um cassino.

A Bolsa de Mercadorias e Futuros (BM&F), de São Paulo, está entre as dez maiores do mundo no gênero. Negocia diariamente contratos que, somados, chegam a US$ 18 bilhões e promove um eficiente trabalho de convencimento para demonstrar a utilidade de suas operações e vencer resistências contra a expansão da especulação financeira. O maior baque na imagem da Bolsa começou a acontecer em 13 de janeiro de 1999.

EXEMPLO SIMPLIFICADO(*) DE OPERAÇÃO NO MERCADO FUTURO

Cotação presente do dólar
R$ 1,80

Participante 1
Empresa com dívida externa de **US$ 10 milhões**, a vencer dentro de um mês. Possui R$ 18 milhões para o pagamento, mas teme que o dólar suba acima de R$ 1,80, o que lhe traria prejuízo

Participante 2
Especulador que acredita que o dólar tende a cair e pretende ganhar dinheiro com isso

Operação
Empresa compra US$ 10 milhões no mercado futuro, pela cotação de R$ 1,80 e vencimento dentro de um mês; especulador faz venda de dólares nas mesmas condições

do valor de sua

SITUAÇÃO 1
Dólar sobe para
R$ 1,90
na data final do contrato

O que acontece
Com a empresa
Tem **lucro** de R$ 1 milhão no mercado futuro (por ter comprado a R$ 1,80 a moeda que agora vale R$ 1,90); o resultado compensará o **prejuízo** com o aumento da dívida de R$ 18 milhões para R$ 19 milhões

Com o especulador
Perde R$ 1 milhão por ter apostado na tendência errada

SITUAÇÃO 2
Dólar cai para
R$ 1,70
na data final do contrato

O que acontece
Com a empresa
Tem **perda** de R$ 1 milhão no mercado futuro; no entanto, o prejuízo na transação financeira é compensado com a **redução** dívida de R$ 18 milhões para R$ 17 milhões

Com o especulador
Lucra R$ 1 milhão por ter feito a aposta certa

(*) Para facilitar o entendimento, o exemplo desconsidera, entre outros fatores, o efeito da taxa de juros para o cálculo de perdas e ganhos

* Para facilitar o entendimento, o exemplo desconsidera, entre outros fatores, o efeito da taxa de juro para o cálculo de perdas e ganhos

Naquele dia, o Banco Central permitiu que a cotação do dólar subisse de R$ 1,22 para R$ 1,32, uma alteração de dez centavos que tornou nacionalmente conhecidos o minúsculo Banco Marka e seu dono, o italiano Salvatore Cacciola. Detentor de um patrimônio de R$ 67 milhões, o Marka havia assumido na BM&F contratos de venda de US$ 1,265 bilhão pela cotação de R$ 1,22. Quebrado da noite para o dia, Cacciola pediu ajuda ao Banco Central, que o socorreu dizendo temer um colapso na BM&F, com possível efeito sobre bancos maiores, capaz de espalhar pânico em toda a economia. A operação foi investigada por uma CPI do Senado, abriram-se processos contra dirigentes do BC, e foi ordenada a prisão de Cacciola, que fugiu para a Itália.

O debate, provavelmente interminável, sobre a necessidade do socorro do BC ao Marka acabou deixando em segundo plano um outro aspecto do caso: como é possível que um banco aposte o equivalente a mais de 20 vezes o seu patrimônio no mercado futuro?

Cacciola nada fez de ilegal ao assumir tamanho risco – as acusações contra ele se originaram da ajuda que recebeu do BC. Se o dólar não tivesse subido, o Marka teria um lucro imenso, suficiente para compensar os perigos que decidira correr. Para funcionar, as Bolsas de Futuros precisam atrair os investidores dispostos a assumir os riscos dos quais outros querem se livrar, o que só é possível se as oportunidades de lucro são grandes o suficiente para compensar a incerteza do jogo.

Dessa lógica vem a regra que torna os derivativos tão assustadores: para operar no mercado futuro, basta depositar na Bolsa uma fração em dinheiro do valor dos contratos assumidos. Ou seja, para que o negócio seja mais atraente aos especuladores, pode-se apostar muito mais do que o dinheiro que efetivamente se tem no bolso. A fração varia de país para país, de Bolsa para Bolsa, de negócio para negócio. Pode-se elevar o percentual se o desejo é reduzir o risco das operações, mas o efeito colateral será menos especuladores e, conseqüentemente, menos alternativas para os que desejam minimizar seus riscos. Mais um paradoxo.

Se o Banco Central brasileiro estava certo, a aventura malsucedida de Cacciola poderia ter resultado numa crise de proporções trágicas. Os fundos da BM&F honrariam os compromissos assumidos pelo Marka, mas, num momento de extrema tensão, os demais investidores poderiam perder a confiança no mercado futuro. Que caminho restaria às pessoas e empresas que buscavam ali uma proteção contra a alta do dólar? Só um: comprar o mais rápido possível no mercado à vista. A conseqüência seria uma avalanche que faria o dólar subir a R$ 2, R$ 3, quem sabe. A dívida externa ficaria impagável; o país não conseguiria importar produtos; a escassez traria de volta a inflação. Um banco de meia-tigela derrubaria uma das dez maiores economias do mundo – o bater de asas de uma borboleta provocaria um tornado.

Para os críticos mais radicais da operação, o cenário de catástrofe foi apenas uma desculpa do governo para favorecer um membro do poderoso e influente sistema financeiro. Contra o BC pesou a falta de transparência: o socorro ao Marka foi escondido até quando possível; funcionários de segundo escalão foram incumbidos de defendê-lo, enquanto a cúpula do Executivo afirmou não ter participado da decisão.

Qualquer que seja a verdade, o caso Marka parece um acidente de amadores quando comparado ao que aconteceu quatro meses antes na maior economia do mundo. Em setembro de 1998, o Fed (Federal Reserve, o banco central dos Estados Unidos) coordenou uma operação para socorrer, com US$ 3,75 bilhões entregues por um grupo de instituições privadas, o fundo de investimento LTCM, especializado em aplicar o dinheiro de terceiros em operações internacionais com derivativos.

Criado em 1991, o LTCM se tornou um dos maiores e mais conceituados fundos do gênero. Apostava alto, é claro: para um capital de US$ 4,6 bilhões, contados antes de seu colapso, possuía investimentos avaliados em US$ 80 bilhões. Entre seus sócios, estavam Myron Scholes e Robert Merton, ninguém menos que os ganhadores do Nobel de economia no ano anterior – devido a estudos voltados para os derivativos.

Para as dimensões da economia norte-americana, a operação de resgate do fundo não chegou a impressionar pelo valor gasto. Mas, em todo o mundo, as interrogações se tornaram mais freqüentes. Se o LTCM pode quebrar, quem não pode? Se o Fed não tivesse agido, o que teria acontecido (e o que acontecerá quando o Fed não detectar os problemas a tempo)? Quem é que está controlando o mercado de derivativos? Vale a pena mantê-lo?

Não há resposta para as duas primeiras perguntas. Para a terceira, há: ninguém. Ou, pelo menos, nenhum órgão de governo do mundo é capaz de acompanhar tudo o que acontece nas Bolsas de Mercadorias e Futuros, sem contar os negócios realizados fora das Bolsas. No Brasil, por exemplo, operações com juros ou câmbio estão na alçada do Banco Central, enquanto os mercados de ações e debêntures são regulados pela Comissão de Valores Mobiliários. Os derivativos permitem, porém, combinar operações futuras de juros, câmbio, ações e debêntures, além de café, soja, boi gordo e negócios no mercado à vista – no país e no exterior.

E, antes de pregar a proibição desse mercado que serve a meia dúzia de poderosos empresários e especuladores, lembre-se: o seguro de seu automóvel é um derivativo. Para fazê-lo, foi preciso encontrar um especulador disposto a apostar que o carro não será roubado num futuro incerto.

4. US$ 1,5 TRILHÃO POR DIA

O catador de papel Manoel Francisco da Silva, morador do Distrito Federal, foi o primeiro brasileiro a usar a atual moeda do país, o real, no dia 11 de junho de 1994. A afirmação é fácil de fazer: o real só viria a ser instituído oficialmente no dia 1º de julho daquele ano. Numa falha da gigantesca operação montada com antecedência pelo governo para trocar todas as cédulas e moedas em circulação no país, um saco com 200 moedas de R$ 1 foi parar num contêiner de lixo do prédio do Senado, onde Manoel e um colega o encontraram.

Provavelmente devido à intensa propaganda em torno da iminente implantação do real, Manoel acreditava que o novo dinheiro já estivesse em vigor. Com as moedas, pagou uma dívida – a aquisição do carrinho que usava para catar papel – e comprou pão, leite, cigarro e cachaça. Nota-se que ele não era o único a imaginar que a moeda já valesse.

O curioso é que ninguém sabia o valor real daquelas moedas de real, uma moeda ainda a ser criada (a confusão de palavras, no caso, é inevitável). A partir da experiência com trocas anteriores de moeda no Brasil, os negócios de Manoel foram feitos como se R$ 1 fosse igual a CR$ 1.000 (mil cruzeiros reais, a moeda de então). Naquele ano, porém, a regra seria outra: no dia do lançamento do Plano Real, R$ 1 seria igual a CR$ 2.750, ou, mais precisamente, US$ 1.

Na época, parecia inacreditável que uma moeda brasileira pudesse valer tanto quanto o dólar. Mais estranho ainda foi o real, poucos minutos após entrar em vigor, ter começado a se valorizar em relação à moeda dos Estados Unidos – em algumas semanas, bastava R$ 0,82 para comprar US$ 1. A inflação caiu, e todos começaram a se sentir mais ricos. Produtos importados invadiram as prateleiras dos supermercados. Viajar ao exterior ficou acessível para a classe média.

Em 1995, quando a expressão "ataque especulativo" foi introduzida no cotidiano do país, o dólar começou a subir lentamente – o mais correto é dizer que o real se desvalorizou aos poucos. Em 1999, no episódio que quebrou o Banco Marka, disparou de vez. Hoje, a quantidade de reais necessária para comprar US$ 1 varia a cada dia, subindo ou caindo de acordo com o que acontece no país e no exterior. O mesmo acontece com o euro, a libra inglesa, o peso mexicano, o baht tailandês, quase todas as moedas do mundo. O mercado de câmbio, o maior dos mercados financeiros, vive às voltas com o problema enfrentado pelo catador de papel de Brasília: quanto valem essas moedas?

O mercado de câmbio existe para que pessoas, empresas e governos de diferentes países façam comércio, turismo e troca de investimentos entre si. Nos anos 70, os negócios com moedas somavam algo como US$ 18 bilhões diários, em média. Se parece muito, as mesmas transações alcançaram US$ 1,5 trilhão por dia no ano de 1998, de acordo com estimativas do BIS, sigla em inglês do Banco de Compensações Internacionais, instituição com sede na Suíça que funciona como uma espécie de banco central de todos os bancos centrais. Nesse período, o comércio, o turismo e os investimentos não tiveram um aumento tão espetacular. Grande parte da explicação para a explosão desse mercado está na especulação financeira.

Só há especulação onde há incerteza – e, quanto mais incerteza, mais especulação. Não há muito o que apostar num torneio de basquete disputado pela equipe masculina dos Estados Unidos; o popular cara-ou-coroa, em que cada participante tem 50% de chances de ganhar, também não movimenta muito dinheiro. As moedas variam muito mais hoje do que variavam há 30 anos, o que cria oportunidades para os especuladores, e a ação dos especuladores faz as moedas variarem mais.

É claro que o câmbio não é apenas mais um preço negociado no mercado. O valor das moedas influencia a vida de todos e é objeto das preocupações e das políticas dos governos. Quando a moeda se valoriza, como aconteceu nos primeiros dias do real, a inflação tende a cair, porque os importados ficam mais baratos. Uma caneta vendida nos Estados Unidos por US$ 1 podia ser importada ao preço de R$ 1 por uma empresa brasileira na manhã de 1º de julho de 1994 (para facilitar o exemplo, vamos desconsiderar o preço do transporte e outras taxas); quando o real atingiu sua valorização máxima, a mesma caneta podia ser importada por apenas R$ 0,82. Já quando a moeda se desvaloriza, canetas, máquinas, trigo, petróleo, tudo o que o país importa, ficam mais caros, e a inflação sobe.

O comércio exterior, percebe-se, é afetado diretamente pelo câmbio. A valorização da moeda estimula as importações e prejudica as exportações, enquanto a desvalorização produz o efeito oposto. Coisa semelhante acontece com o turismo – com moeda valorizada, fica mais barato viajar ao exterior; em caso de desvalorização, o país tende a receber mais turistas estrangeiros. Comércio e turismo influenciam o emprego: quando o país eleva as exportações e recebe mais turistas, novos empregos são gerados, para o trabalho nas fábricas e os serviços aos estrangeiros; quando as importações sobem e mais pessoas viajam ao exterior, o desemprego pode aumentar.

Embora não seja um preço qualquer, por influenciar a inflação, o comércio, o turismo e o emprego, o câmbio está sujeito à lei da oferta e da procura, como todos os preços. As moedas mais compradas e menos ofertadas – em outras palavras, as moedas cujo volume financeiro é insuficiente para atender à demanda – sobem de valor; as menos compradas e mais ofertadas se desvalorizam.

Os governos, que precisam ter controle sobre inflação, comércio, turismo e emprego, tratam de agir no mercado. Se o Banco Central quer desvalorizar o real, pode comprar dólares; assim, faz aumentar a procura pela moeda norte-americana e a cotação desta. Os dólares comprados compõem as reservas do Banco Central e podem ser vendidos quando o desejo é valorizar o real.

Outra maneira é alterar o volume de reais em circulação. Quando há mais reais à disposição do mercado, a taxa de câmbio tende a cair, devido ao aumento da oferta. Quando há menos reais na praça, a tendência é uma valorização.

Nem sempre, porém, os governos têm sucesso em seus objetivos. Se o mercado acredita que uma moeda vai subir, ele a compra o mais rápido que pode, e a aposta coletiva acaba, de fato, valorizando a moeda. Se a expectativa é de desvalorização, os especuladores fazem vendas maciças da moeda, e, de novo, a própria divulgação da profecia faz que ela se torne realidade. Mesmo os governos mais poderosos têm dificuldade para deter esses movimentos; quando conseguem, o preço é alto. Mas, afinal, por que deixar uma decisão tão importante como o valor da moeda aos humores do mercado? Por que há uma instabilidade tão grande – e crescente?

As coisas já foram diferentes, o que não quer dizer necessariamente que tenham sido melhores. No século 19, as moedas mais importantes tinham um valor fixo – cada uma valia determinada quantidade de ouro, definida pelo governo de cada país. Para isso, a quantidade de dinheiro em circulação tinha de ser compatível com o volume de ouro em poder dos países. O metal servia como referência por ter sido, historicamente, um símbolo de riqueza para quase todo o mundo; como as moedas valiam ouro, sua aceitação ficava mais fácil.

A Inglaterra era o país mais poderoso de então, e eram as idéias de seus economistas que predominavam e sustentavam a lógica do padrão-ouro. A regra tornava o comércio externo mais previsível, enquanto a inflação se mantinha sob controle. Quanto ao emprego, acreditava-se que o mercado, funcionando sozinho, providenciaria sempre trabalho para todos. Na teoria da época, durante o processo de produção de bens seriam pagos os salários necessários para que os bens fossem consumidos (é a chamada lei de Say, um economista francês); não haveria produção ou emprego em excesso nem em quantidade insuficiente.

Havia, porém, crises ocasionais que tornavam muito penoso seguir o padrão-ouro. Quando um país sofria baixas em seus estoques de ouro, por causa de guerras ou de perdas no comércio, precisava reduzir a quantidade de moeda em circulação para seguir o padrão, o que significava menos dinheiro para investir, gerar empregos e pagar salários. Alguns preferiam abandonar a regra e simplesmente desvalorizar suas moedas em relação ao ouro, mesmo pagando o preço de provocar mais inflação. Mas, até o início do século 20, a economia de mercado livre acumulava mais sucessos que fracassos, ou pelo menos assim parecia: a crença predominante era que o governo não deveria atrapalhar o funcionamento do mercado, que sempre conseguiria se equilibrar sozinho.

Até que, em 1929, a Bolsa de Nova York quebrou. Quase de um dia para o outro, o que parecia um período promissor de crescimento econômico, que produzia altas nos preços das ações, descambou para o completo pessimismo. Os investidores entenderam que as empresas haviam atingido valores insustentáveis diante da real capacidade dos consumidores de comprar os bens produzidos; foi o suficiente para dar início a uma venda vertiginosa de ações. Bancos e outras grandes companhias quebraram, milhares de pessoas perderam seus empregos, e a crise se alastrou pelo resto do mundo, dando início à Grande Depressão dos anos 30, cujos efeitos contribuiriam até para a Segunda Guerra Mundial. O que havia acontecido? Pela lei de Say, seria impossível não só uma crise de superprodução, mas também um período de desemprego duradouro.

Foi o economista inglês John Maynard Keynes quem deu a explicação, que hoje parece óbvia. É verdade que o processo de produção de bens gera salários e lucros suficientes para a compra dos bens produzidos – o problema é que nem todos usam o dinheiro para o consumo e os investimentos. Muitos preferem guardar o dinheiro, aplicar em títulos públicos ou em ações. Ou, em outras palavras, pessoas e empresas especulam.

Em junho de 1944, quando a Segunda Guerra caminhava para o fim, 44 países realizaram uma conferência na cidade de Bretton Woods, no estado norte-americano de New Hampshire. O objetivo não poderia ter sido mais ambicioso: recriar o sistema financeiro internacional, com regras que permitissem a volta do comércio e do investimento entre os países, atividades interrompidas pelos anos de conflitos. Predominavam no encontro idéias favoráveis a mudanças no padrão-ouro e a maiores intervenções do governo na economia. Naquela altura, os Estados Unidos já haviam tomado o lugar da Inglaterra como grande potência mundial. Foi combinado o seguinte: apenas o dólar norte-americano teria um valor fixo em ouro; as demais moedas do mundo ocidental usariam o dólar como referência para seu valor; todos teriam certa margem para alterar o valor de suas moedas quando se considerasse necessário; uma nova instituição internacional, o Bird (Banco Mundial), financiaria a recuperação de países destruídos pela guerra; outra nova instituição, o FMI (Fundo Monetário Internacional), examinaria as propostas dos países que quisessem desvalorizar suas moedas e tentaria manter o equilíbrio do sistema.

Hoje o mundo debate se seria possível e conveniente uma nova "Bretton Woods" – o nome da cidade passou a significar a possibilidade de um sistema financeiro planejado, com fins e meios definidos. Discute-se também por que o modelo criado em 1944 acabou sendo abandonado no início dos anos 70.

A economia tem, para explicar o passado, quase tantas dificuldades quanto para prever o futuro. O mundo experimentou uma fase de prosperidade após o fim da Segunda Guerra, e as razões possíveis vão desde o sucesso do novo sistema financeiro até a disputa entre países capitalistas e comunistas, cada bloco investindo tudo o que podia para superar o outro. O fato é que países progridem de formas diferentes, com estratégias diferentes, em ritmos diferentes. Alguns se especializam nas exportações, outros em atrair investimentos; às vezes é necessário elevar os juros, às vezes é preciso emitir mais moeda. À medida que a economia mundial evoluía, ficava mais difícil manter taxas de câmbio fixas. Já havia muita insatisfação com o sistema de Bretton Woods quando, em 1973, os Estados Unidos desistiram da ligação entre o dólar e o ouro. De lá para cá, quase todas as moedas passaram a variar livremente.

Contada a história assim, tem-se a impressão de que um grupo de estudiosos norte-americanos se reuniu, fez os devidos cálculos e num belo dia anunciou ao resto do mundo que não valia mais a pena manter o valor das moedas. É certo que os estudos aconteceram, mas é certo também que o mercado de câmbio não esperou por eles. Qualquer um podia notar que os Estados Unidos emitiam mais e mais moeda – era preciso, por exemplo, arcar com os custos da Guerra do Vietnã. A maior oferta devia levar a uma queda da cotação do dólar; a conclusão foi que seria um bom negócio vender dólares antes da queda e comprar outras moedas; a conseqüência foi que, diante de tantas vendas, a desvalorização se tornou inevitável. Em bom economês, o que aconteceu foi um ataque especulativo.

O nome, talvez, não seja o mais apropriado: "ataque" faz parecer que todos os participantes estão na ofensiva, aceitando riscos para ganhar dinheiro. Os ataques especulativos são movidos por ganância e medo – no último caso, daqueles que querem evitar riscos e prejuízos, como, por exemplo, quem têm dívidas em moedas estrangeiras. Por ganância e medo, tornaram-se comuns os ataques especulativos contra as moedas de valor controlado pelo governo, e essas moedas, por sua vez, se tornaram muito menos comuns.

Quando um país desvaloriza sua moeda, seus produtos ficam mais baratos no exterior, e suas empresas ganham o mercado de empresas estrangeiras concorrentes. É de esperar, portanto, que outros países precisem também desvalorizar suas moedas. Para o mercado, as expectativas são motivos para apostar.

Na década de 1990, países como México, Argentina e Brasil puseram fim ao descontrole da inflação valorizando suas moedas em relação ao dólar. Deu certo, mas o custo foi alto: as importações ficaram baratas e dispararam; foi preciso pedir muito dinheiro emprestado para pagar as importações e continuar mantendo as reservas em dólar dos governos (quem precisa de grandes volumes de empréstimos paga juros mais altos). O mercado tinha a certeza de que essas políticas teriam de ser abandonadas. A incerteza sobre o momento em que isso aconteceria deu início à especulação.

Um ataque especulativo derrubou o peso mexicano em dezembro de 1994. Em seguida, as atenções se voltaram para o Brasil. O medo: para investir aqui, estrangeiros haviam trocado as moedas de seus países por reais; se o real fosse desvalorizado, teriam prejuízo;

pessoas e empresas brasileiras com dívida em dólar também perderiam com uma desvalorização. A ganância: a queda do real daria lucros a quem possuísse outras moedas. Medrosos e gananciosos, todos comprando dólares maciçamente, desencadearam um ataque especulativo contra o Plano Real em março de 1995.

Começou um jogo que se estenderia pelos três anos seguintes. O Banco Central debelou o ataque pagando juros maiores ao vender seus títulos. Taxas mais altas estimulavam os especuladores a buscar ganhos mais fáceis investindo em títulos públicos, deixando de lado as apostas no dólar. Os especuladores, porém, faziam as contas: os juros altíssimos aumentavam a dívida do governo, dívida que, nesse ritmo, ficaria impagável – ou seja, em algum momento, apesar das negativas do Banco Central, seria inevitável abandonar o controle das cotações do dólar. Houve novos ataques ao real, sempre seguidos de subidas dos juros, em 1997 e 1998. Em janeiro de 1999, quando suas reservas ameaçavam chegar ao fim, o governo brasileiro entregou os pontos: o real foi desvalorizado e, em seguida, passou a variar livremente.

Voltando às moedas – as redondas, de metal – e ao cara-ou-coroa, imagine o seguinte jogo: você dispõe de dez moedas de R$ 1 e aposta, uma de cada vez, contra o cassino. Se der cara, você ganhará mais uma moeda; se der coroa, o cassino ganhará. Aparentemente, um jogo justo, porque a probabilidade de dar cara é exatamente igual à probabilidade de dar coroa.

Dependendo da sorte, você poderá chegar a possuir, em determinados momentos do jogo, 30, 40 moedas. Continue apostando, porém, e acabará perdendo tudo. Recomece o jogo quantas vezes quiser e acontecerá o mesmo – às vezes demorará mais, às vezes menos. Apesar de ter 50% de chances a cada lançamento de moeda, você sempre será o perdedor do jogo. O aparente enigma é conhecido na teoria da probabilidade como o problema da ruína do jogador.

Não é difícil entender. O jogador tem muito menos dinheiro para apostar que o cassino; este pode perder 40, 50, mil moedas e continuar no jogo até vencê-lo. Se o jogador começasse com 200 moedas – todo o saco encontrado pelo catador de papel no lixo do Senado – e pedisse mais emprestadas, ficaria mais tempo no jogo, mas ainda assim perderia tudo. O problema da ruína do jogador, já usado até na biologia para demonstrar que a extinção das espécies é inevitável, explica a origem do lucro dos cassinos. E também por que moedas sucumbem a ataques especulativos.

5. EUFORIA E PÂNICO

Por sobre todos pairava uma ansiedade opressora, deliqüescente, de esperanças e receios, como que fluido indefinível, elétrico, febril, intenso, que, emergindo do seio da multidão, a envolvia em pesada atmosfera com prenúncios e flutuações de temporal certo, inevitável, mas ainda distante, longe, bem longe – a fome do ouro, a sede da riqueza, a sofreguidão do luxo, da posse, do desperdício, da ostentação, do triunfo, tudo isso depressa, muito depressa, de um dia para outro!

O texto, do visconde de Taunay, é uma das primeiras descrições brasileiras da especulação financeira. Seu livro *O Encilhamento*, publicado em 1893, é um romance ambientado nos primeiros anos da República, quando apostar em ações e outros títulos virou mania no Rio de Janeiro, a capital de então. O novo governo tentava impulsionar a indústria e o comércio desenvolvendo o sistema financeiro; novas leis haviam multiplicado a quantidade de dinheiro em circulação.

Com mais crédito nos bancos, novas empresas surgiam a cada dia, e mais pessoas podiam comprar suas ações e debêntures.

Vivia-se uma época de mudanças – estavam sendo deixados para trás os anos de monarquia, escravagismo e economia exclusivamente agrícola. Era natural que as empresas pioneiras crescessem rapidamente, o que despertava o interesse dos investidores. Os preços das ações dispararam, fazendo algumas fortunas da noite para o dia. Diante da oportunidade de lucro fácil, pessoas até então alheias ao mundo financeiro também decidiram experimentar aventuras na Bolsa de Valores, e o mercado favorável encorajava a criação de novas empresas. Uma coisa alimentava a outra: quanto mais se compravam ações, mais elas subiam; quanto mais subiam, mais compradores apareciam; quanto mais compradores, mais empresas eram abertas; quanto mais empresas, mais ações nas quais apostar.

Depois de vários meses de alta contínua, os preços das ações estavam muito acima das reais possibilidades de retorno. Haviam sido criadas empresas dedicadas a atividades inviáveis ou administradas por empreendedores incompetentes. Muitas delas nem sequer existiam de fato – eram fraudes para conseguir o dinheiro de investidores afoitos. Começou um movimento inverso, ainda mais rápido que o anterior: as primeiras falências assustaram os investidores, que começaram a vender as ações que possuíam; os preços desabaram, levando a novas falências; a ruína se generalizou.

O episódio parece caricatural, típico de país atrasado em suas primeiras tentativas de correr atrás das economias mais desenvolvidas. Já na época era alvo de crítica e deboche – foi batizado, ainda nos anos de euforia, de "encilhamento", termo das apostas nas corridas de cavalos. No entanto, casos semelhantes de especulação aparentemente irracional, com picos de ganância e pânico ("esperanças e receios", nas palavras do visconde de Taunay), são documentados desde o século 17, em diferentes graus, países e circunstâncias. São as crises especulativas.

Quem ganha pouco e faz sacrifício para guardar algum dinheiro no final do mês deposita suas economias na caderneta de poupança ou em alguma outra aplicação mais segura. Os que têm melhores empregos e salários se sentem mais encorajados a investir uma parte de sua poupança nas Bolsas de Valores ou nos fundos de ações. Quanto maior é a prosperidade, ou a expectativa de prosperidade, menores parecem os riscos.

Quando há mais dinheiro em circulação na economia, empresas tendem a partir para projetos mais ousados; bancos emprestam a juros menores, e mais clientes têm crédito; governos podem se endividar mais, para investir em obras ou programas sociais. São os momentos mais felizes do capitalismo, mas não duram para sempre. Às vezes, produzem o tipo de inflação que todos conhecem: empresas contratam mais e pagam melhores salários; o maior poder aquisitivo eleva o consumo, que cresce mais rapidamente do que a capacidade das empresas de produzir bens; mais disputados, os produtos sobem de preço. Às vezes, produzem um tipo de inflação que poucos notam: o aumento generalizado de preços dos investimentos financeiros.

Nem é preciso existir um sistema financeiro desenvolvido para que isso aconteça. Na década de 1630, quando a Holanda vivia uma rápida expansão comercial, eram as tulipas que estavam na moda – um símbolo de prestígio para a nova aristocracia de então. Cada vez se pagava mais pelas flores, importadas do Oriente, que em alguns anos se tornaram um investimento: pagava-se muito por elas porque, no futuro, elas valeriam ainda mais. As variedades mais raras chegaram a valer tanto quanto uma casa ou uma pequena empresa; foi inventado um mercado futuro de tulipas, um ensaio dos atuais derivativos. O fim foi semelhante ao do encilhamento brasileiro: em 1637, quando o mercado percebeu que os preços haviam ultrapassado as possibilidades de retorno, começou o movimento de vendas, e as perdas foram gerais.

No século seguinte, a Inglaterra da Revolução Industrial viveria o *boom* da construção de canais, que ligavam rios de todo o país e facilitavam o comércio; a febre acabou quando investidores se deram conta de que muitas daquelas obras nunca dariam lucro. Em 1848, chegava ao fim na França uma outra mania, a das ferrovias, quando as ações das companhias do setor desabaram. Já no século 20, na década de 1970, um dos negócios favoritos dos países desenvolvidos era emprestar dinheiro ao Terceiro Mundo, que mergulhou na crise da dívida dos anos 80. No início dos 90, o colapso chegava ao mercado de imóveis do Japão. Dentre as dezenas de crises financeiras catalogadas na história econômica, a pior foi, de longe, a quebra da Bolsa de Nova York, em 1929.

Surtos reais ou ilusórios de prosperidade, com mais dinheiro à disposição de todos, coincidem com o início desses movimentos especulativos. Não é difícil entender: pessoas e empresas têm mais para investir, as oportunidades são muitas, e a possibilidade de ter algum prejuízo não é tão assustadora; nos mercados que parecem mais promissores, em que todos estão investindo, os índices mostram valorização contínua; os sucessos iniciais dão maior autoconfiança aos profissionais e encorajam a adesão dos amadores. A ambição ("a fome do ouro, a sede da riqueza, a sofreguidão do luxo, da posse, do desperdício, da ostentação, do triunfo") nubla a noção de risco.

É uma explicação possível, mas certamente incompleta. Para aceitar a embriaguez pelo excesso de dinheiro como a única causa das crises especulativas, seria necessário acreditar que desde a implosão do mercado de tulipas na Holanda, quase 400 anos atrás, ninguém tenha aprendido nada. Que todos os que apostaram em canais, algodão, ações, países pobres e imóveis chegaram a imaginar que seus investimentos se valorizariam para sempre. Não: todos sabem, ou intuem, ou desconfiam, que um dia chegam ao fim os períodos nos quais se pode sonhar com riqueza fácil. Para os especuladores do encilhamento brasileiro, essa certeza era uma "pesada atmosfera com prenúncios e flutuações de temporal certo, inevitável".

Seria o mercado irracional, capaz de embarcar em aventuras que, ele próprio sabe, não vão acabar bem? Não é uma pergunta tola: as teorias econômicas mais aceitas – e, em conseqüência, quase todas as políticas de governo do mundo – estão baseadas na crença de que o mercado é racional – ou, numa tradução livre, de que ninguém rasga dinheiro.

Confia-se que, sempre na busca do maior lucro possível, o mercado selecionará os empreendimentos viáveis e descartará os demais; que encontrará os preços adequados para o feijão, o arroz, os imóveis e as ações; que estimulará a produção dos bens escassos e evitará excessos de oferta; que procurará o crescimento, mas evitará riscos desnecessários. É isso que os economistas levam em conta quando prevêem como a economia reagirá às medidas que receitam.

Há, sim, quem duvide da racionalidade do mercado – citam-se, por exemplo, casos de sociedades que adotam padrões de consumo acima de suas possibilidades; seria uma prova de que, de fato, pessoas podem rasgar dinheiro. Mas, antes de ir tão longe, outras causas das crises especulativas devem ser consideradas.

Mesmo nos períodos de maior euforia nos mercados, os especuladores sabem que a festa acabará algum dia, mas isso não os impede de continuar apostando. Sua preocupação é o que acontecerá não nos próximos meses ou anos, mas sim nos próximos dias ou horas. Eles pensam no curto prazo ("depressa, muito depressa, de um dia para outro!"), e, nessa perspectiva, sua atitude faz sentido: é preciso comprar tulipas, ações, imóveis, o que quer que seja, antes que a festa acabe. Os especuladores apostam corridas uns com os outros – quem chegará primeiro aos mercados em alta e quem sairá primeiro dos mercados em baixa.

É até irônico: justamente por terem tido a certeza de que a alta da Bolsa de Valores acabaria algum dia, os especuladores do encilhamento corriam a comprar ações. Quanto mais se apressavam, mais elevavam os preços a patamares irreais, incompatíveis com os retornos que os papéis poderiam gerar; ou seja, mais empurravam o mercado para o ponto em que o temido colapso seria inevitável. Depois, a corrida seria para vender as ações.

Mas, ainda que esse comportamento seja comum às outras crises da história, algo continua por ser explicado: se os investidores concorrem entre si, por que todos investem numa mesma coisa ao mesmo tempo? Por que estão juntos na euforia e no pânico?

Nos anos 30, era popular um tipo de concurso promovido pelos jornais em que cada participante devia escolher, entre várias fotografias, os seis rostos que achasse mais bonitos. Todos faziam sua seleção a partir do mesmo conjunto de fotos, e ninguém podia conhecer as escolhas dos outros. O jornal apurava então os seis rostos mais votados; eram premiados os leitores que haviam escolhido exatamente aquelas alternativas.

É de imaginar que o interesse dos participantes fosse ganhar o prêmio, e não opinar sobre a beleza alheia – de novo, a crença de que as pessoas são racionais, no sentido que a teoria econômica dá à palavra. Portanto, é de imaginar também que, conhecendo as regras, todos escolhessem não seus rostos preferidos, mas aqueles que provavelmente seriam do agrado geral.

Keynes, um dos economistas mais influentes do século 20, comparou os especuladores aos participantes desses concursos. Para ganhar no mundo financeiro, é preciso descobrir as tendências do mercado e aderir a elas; não adianta acreditar sozinho no futuro de uma empresa ou na tendência de valorização do ouro, porque, se os demais não acreditarem, os preços vão cair, pelo menos no curto prazo.

Um especulador procura adivinhar o que os demais especuladores estão pensando; e cada especulador sabe que os outros agem assim. O segundo passo é imaginar o que o outro pensa que os demais estão pensando; e o terceiro, o que ele pensa que os outros pensam que ele pensa – e assim indefinidamente, como imagens que se repetem ao infinito quando dois espelhos estão frente a frente (lembrando: as palavras "especular" e "espelho" têm a mesma raiz).

Fora das teorias, operadores de mercado dizem como isso acontece no mundo real. Todos administram o dinheiro de terceiros e precisam prestar contas a seus chefes; se os concorrentes conseguem lucros maiores, quem ficou para trás pode ser demitido do banco onde trabalha. Logo, a tendência é seguir os demais: se eles estiverem certos, você também estará; se não, restará a desculpa de que as perdas foram gerais. Especuladores costumam andar em manada.

É plausível, nota-se, argumentar que há decisões individuais racionais por trás dos surtos especulativos coletivos. Ainda assim, a conclusão não é muito confortável: o mercado – com o qual se conta para selecionar as empresas viáveis, apontar os produtos mais importantes, fixar preços, garantir a provisão de bens e gerar renda – pode ser guiado por investidores preocupados apenas com a próxima meia hora, tomando suas decisões com base no que acreditam que os demais farão.

As críticas são mais freqüentes, é claro, quando acaba de ocorrer um grande desastre financeiro, ou *crash*, num termo que remete às quedas de aviões. Embora numerosas, tragédias financeiras não são a regra da história dos mercados, e o capitalismo tem sobrevivido às várias profecias sobre seu fim inevitável. Os economistas descobriram que reduzir a quantidade de dinheiro disponível pode ajudar a combater euforias especulativas, evitando momentos de pânico mais adiante. Mesmo quando não se consegue evitar desastres, já se conhecem formas de acelerar a recuperação das economias, como o aumento de gastos públicos para obras destinadas a combater o desemprego. Há sempre a esperança – a utopia da ciência econômica – de descobrir como manter uma prosperidade contínua, sem causar excessos que determinem seu fim.

Foi a experiência com as crises especulativas que levou o banco central dos Estados Unidos a tentar conter, com um aumento dos juros a partir de 1999, o mais espetacular período de prosperidade da história do país, iniciado em 1992. Durante toda a década, a riqueza norte-americana havia crescido sem parar, em boa parte impulsionada pelos avanços tecnológicos obtidos nas empresas de informática e telecomunicações. O desemprego chegou muito perto de zero, e os preços para os consumidores continuaram estáveis, o que fez muitos acreditarem que uma nova era começava para o capitalismo.

Mas, ao lado das estatísticas favoráveis, lá estavam de novo os sinais inquietantes, na nova mania do mercado: a Internet. As ações da Amazon, empresa que vende livros pela rede mundial de computadores, subiram 1.081% apenas em 1998; se todas fossem vendidas naquele ano, o valor obtido seria de US$ 30 bilhões – e a livraria virtual nem sequer dava lucro. A Yahoo, dedicada a facilitar a busca de endereços eletrônicos, valia outros US$ 35 bilhões. Bill Gates, da Microsoft, chegou a acumular fortuna de US$ 85 bilhões; Larry Ellison, da Oracle, se tornou o segundo maior bilionário do mundo no ano 2000, com US$ 58 bilhões, conforme a revista *Forbes*.

A disparada do mercado acionário atraía os norte-americanos, que aplicavam nele cerca de 30% de suas economias. A alta das ações fazia todos se sentirem mais ricos e consumirem mais; o aumento do consumo aumentava o lucro das empresas, cujas ações subiam de preço. Quanto mais valorização das ações, mais consumo; quanto mais consumo, mais valorização. Nas palavras do presidente do Fed, Alan Greenspan, era uma "exuberância irracional".

É possível que, dentro de algum tempo, se considere ridícula a obsessão do mercado pela Internet; muitas das grandes empresas do setor poderão estar falidas, e muitos investidores, arruinados; os que acreditaram na expansão contínua do mercado serão ridicularizados. Como sempre, os defensores do capitalismo poderão apontar que, passados os surtos de euforia e pânico, os benefícios trazidos pelos empreendimentos serão duradouros: foi assim com os canais na Inglaterra e o desenvolvimento do mercado financeiro no Brasil a partir do encilhamento. Os mais críticos dirão que é uma maneira desumana de progredir. Os mais conformados, que é uma maneira muito humana.

CONCLUSÃO: "UM POUCO DE AREIA"?

Em março de 1995, quando apontou que havia ocorrido um ataque especulativo contra a moeda brasileira, Pérsio Arida acusou alguns bancos, sem citar nomes, de terem alimentado a confusão no mercado em proveito próprio; prometeu tomar providências. Dois anos mais tarde, após o segundo ataque ao real, o PT propôs um pacote com medidas para evitar o ingresso de dinheiro trazido por especuladores ao país. Em 1998, no Fórum Econômico Mundial, em Davos (Suíça), o megaespeculador George Soros criticou a liberdade que os governos concedem aos mercados financeiros e pediu mais controle; foi acompanhado pelo presidente brasileiro, Fernando Henrique Cardoso. Depois que o real já havia sido desvalorizado, em 1999, o presidente do Congresso, Antonio Carlos Magalhães, cobrou providências contra os "agentes econômicos gananciosos, comandados por instituições financeiras". No ano 2000, a Conferência Nacional dos Bispos do

Brasil promoveu um plebiscito em que perguntava: "Os governos federal, estaduais e municipais devem continuar usando grande parte do orçamento público para pagar a dívida interna aos especuladores?"

Muito mais difícil é encontrar nos jornais do período alguma manifestação de apoio e solidariedade à especulação financeira, seja de economistas, seja de intelectuais, seja de políticos, seja até de especuladores – poucos, aliás, assim se definem. Nunca se ouviu falar de uma Associação Nacional dos Especuladores, nem de uma Ordem dos Especuladores do Brasil.

Com tantas vozes em contrário, vindas dos mais diferentes setores da sociedade e do mundo político, e nenhuma voz a favor, nada mais natural que a especulação fosse alvo de leis rigorosas, investigações detalhadas e punições exemplares. Mas, surpresa: nada aconteceu. Bancos, empresas e pessoas continuam apostando nas cotações do dólar, a entrada de capital especulativo no país permanece livre, os controles sobre o mercado financeiro mundial não foram intensificados, e os governos federal, estaduais e municipais ainda consomem boa parte de seus orçamentos pagando – ou tentando pagar – suas dívidas.

Como explicar?

O mais óbvio é que há, sim, uma poderosa rede de defesa dos interesses dos especuladores, ainda que seus porta-vozes não empreguem essa palavra. Bancos, corretoras, distribuidoras, Bolsas, o sistema financeiro em todo o mundo, exercem grande influência sobre o poder político, seja porque financiam campanhas eleitorais, seja porque financiam programas de governo. Os países que seguem as políticas consideradas certas pelos que decidem o que fazer com o dinheiro são, obviamente, os que recebem mais empréstimos e investimentos. O mundo financeiro quer liberdade para fazer seus negócios e perseguir seus lucros; as teorias que apontam os benefícios do livre trânsito de capitais têm grande propagação – o mercado não detém apenas o poder econômico: é poderoso também no campo das idéias.

É fácil defender a liberdade de escolher profissões, promover empreendimentos, investir como quisermos nosso dinheiro. Também se pode incluir o progresso tecnológico e a expansão da oferta de bens e serviços entre as conquistas da economia de mercado. Já a especulação financeira está associada aos piores substantivos atribuídos ao capitalismo, um sistema movido a individualismo, ganância e avareza. É compreensível que, mesmo aceitando as virtudes da poupança, do investimento, do comércio e dos mercados de ações e seguros, os governantes, intelectuais e economistas vociferem contra o imediatismo, a inclemência e a instabilidade dos especuladores. Infelizmente, as partes boas e as ruins vêm juntas num mesmo pacote.

Afinal, é preciso haver especuladores para que empresas e governos consigam recursos vendendo ações, debêntures e títulos, ou para que agricultores e industriais façam negócios no mercado futuro com o objetivo de proteger seus empreendimentos das incertezas. As moedas sobem e descem ao sabor dos humores do mercado, mas poucos se animam a defender a volta do padrão-ouro ou algum outro regime de câmbio fixo. Nos anos 90, Brasil, Argentina, México e outros países latino-americanos contaram com o capital especulativo, atraído a juros altos, para engordar suas reservas em dólar e controlar a inflação. Na década anterior, a interrupção dos pagamentos da dívida resultou em grande crise no continente.

Resta a questão: mesmo que se aceite a especulação financeira como inevitável, haveria formas mais civilizadas de conviver com seus efeitos? Uma das respostas afirmativas mais conhecidas para essa pergunta é a do economista norte-americano James Tobin, prêmio Nobel de economia em 1981. Tobin não está entre os que descrevem o mercado financeiro como um cassino caótico de proporções destruidoras; para ele, o mercado é apenas eficiente demais.

Em seu trabalho mais conhecido, "Uma Proposta de Reforma Monetária", de 1978,[5] Tobin desenvolve a argumentação: no mundo financeiro moderno (isso, na década de 1970), o custo das transações é baixo, a comunicação é veloz, os preços de ações e títulos se ajustam instantaneamente em todo o mundo, há opções para quem quer investir muito ou pouco, a curto ou a longo prazo, no presente ou no futuro, com muito ou pouco risco. Toda essa engrenagem, desenvolvida por bancos, corretoras, Bolsas de Valores e mercados de derivativos, permite que grandes massas de dinheiro caminhem em questão de segundos de empreendimentos para empreendimentos, de empresas para empresas, de países para países.

Os demais mercados, como os de produtos e de trabalho, e os governos estão muito longe de tal eficiência. Enquanto a simples expectativa de aumento futuro da inflação faz o dólar subir imediatamente no Brasil, uma empresa precisa de meses para adaptar seus projetos de produção a um novo cenário da economia. Se há problemas na Rússia, US$ 4 bilhões podem deixar aquele país em um dia rumo aos Estados Unidos; os trabalhadores russos que ficaram desempregados não podem fazer o mesmo. Governos

---

[5] J. Tobin, "A Proposal for Monetary Reform". *Eastern Economic Journal*, vol. IV, n. 3-4, July-Oct. 1978, p. 153-9.

gastam anos negociando com o Congresso as medidas que consideram necessárias, mas um ataque especulativo leva apenas uma semana para arruinar um plano econômico.

Tobin aponta duas soluções possíveis para o problema, e ele próprio descarta a primeira: um mundo que adote uma única moeda, praticando uma mesma política econômica, com metas comuns e plena integração. Nesse ideal, os diferentes países funcionariam como estados de um grande país único – assim como Minas Gerais e o Ceará, mesmo tão diferentes, podem usar a mesma moeda; mineiros podem trabalhar em Fortaleza e cearenses em Belo Horizonte; e empresas dos dois estados, se equivalentes em termos de solidez, pagam as mesmas taxas de juro. Se Brasil, Estados Unidos, Bangladesh, Irã, todos os atuais países se comportassem como estados de uma federação, a especulação não seria banida do planeta, mas os ataques especulativos, sim. E os governos, a produção industrial e agrícola e o mercado de trabalho poderiam se adaptar mais rapidamente aos fenômenos a que o mundo financeiro se adapta de forma instantânea.

Não é preciso avançar muito na teoria para desconsiderar a hipótese, pelo menos no mundo que conhecemos hoje. Basta tentar imaginar norte-americanos e iranianos numa mesma mesa discutindo como seria uma política econômica comum, que impostos seriam cobrados sobre o petróleo e as empresas de Internet, se a moeda única homenagearia Jeová ou Alá. Os países europeus, com valores, histórias e objetivos muito mais parecidos, já enfrentam muita dificuldade na experiência com o euro e a integração de seus mercados.

A segunda proposta foi a que tornou popular o nome de Tobin: como é impossível domar as engrenagens eficientes demais do sistema financeiro, a saída seria "jogar um pouco de areia" sobre elas. Mais exatamente, criar um imposto internacional – de 1%, por exemplo – sobre todas as transações cambiais, ou seja, sobre as operações financeiras que envolvam troca de moeda. O alvo principal seria o capital de curto prazo, que migra de país para país em busca de lucro fácil e provoca instabilidade. Esse tipo de especulador teria que pensar duas vezes antes de fazer suas operações, porque os ganhos de curto prazo podem não ser compensadores diante da cobrança do imposto. Para os investimentos destinados à produção, considerados desejáveis, o imposto não faria tanta diferença porque, como são de longo prazo, os rendimentos costumam ser maiores.

O Imposto Tobin, como foi batizado, tem ganhado, ao longo do tempo, diversos aliados – no Brasil, por exemplo, é defendido tanto pelo presidente Fernando Henrique Cardoso como pela oposição. Há organizações internacionais dedicadas a divulgar a proposta, apontando os efeitos maléficos das crises financeiras e dos ataques especulativos; algumas usam argumentos que beiram o folclórico, como culpar os especuladores pela redução de verbas públicas para a reforma agrária brasileira e pelo aumento do desemprego na Rússia. Imaginam-se destinos nobres para o dinheiro arrecadado com o tributo, como combater a miséria na África ou criar um fundo para compensar as vítimas de colapsos econômicos.

Mas, passados mais de 20 anos desde que foi sugerido, o Imposto Tobin continua no campo da teoria; nunca houve sequer uma discussão entre os governos do mundo para sua adoção. O tributo depende do consenso entre todos os países, tanto os que têm capital de sobra como os que dependem de empréstimos e investimentos; se dois ou três decidissem não cobrá-lo, virariam o destino preferencial da poupança internacional, e o sistema ficaria ainda mais desequilibrado. Seria preciso que todos concordassem com o percentual da taxa, a forma de cobrança e o destino da receita; seria preciso, principalmente, que todos tivessem certeza de que os benefícios superariam o custo de "jogar areia" nos mercados de ações, títulos, derivativos, seguros e moedas.

Embora palavras como as listadas no início do capítulo pareçam transmitir essa certeza, o dilema fica mais evidente se a seqüência de declarações for comparada a essa de atos: em 1995, o governo brasileiro elevou os juros de seus títulos e reduziu impostos sobre o capital externo, para convencer especuladores a permanecer no país; em 1997 e 1998, lançou pacotes de corte dos gastos e aumento da arrecadação para poder continuar pagando os juros de sua dívida; em 1999, com apoio do senador Antonio Carlos Magalhães, nomeou para a presidência do Banco Central Armínio Fraga, até então funcionário do megaespeculador George Soros; no ano 2000, decidiu facilitar a entrada de investidores estrangeiros no mercado futuro de produtos agrícolas.

GLOSSÁRIO

agências de rating Empresas, como a Moody's, a Standard & Poor's e a Atlantic Rating, especializadas em classificar riscos para os investidores que pretendem emprestar dinheiro a empresas e/ou governos. As agências atribuem notas às dívidas, a partir da capacidade do devedor de pagá-las, e exercem grande influência no mercado: quanto melhor a nota recebida por uma empresa ou governo, menores os juros cobrados pelos credores. As agências usam diferentes critérios para fazer a classificação de risco; no caso de governos, a maioria combina indicadores econômicos do país com aspectos políticos (comportamento do governo, apoio do Legislativo etc.). Ver capítulo 2.

Bolsa Instituição organizada por corretores para centralizar as compras e vendas de ações (Bolsa de Valores), mercadorias ou derivativos (Bolsa de Mercadorias e Futuros). Ver capítulo 1.

contas externas São o resultado dos negócios entre países. Quando um país gasta mais do que recebe nas transações de bens e serviços com o resto do mundo, tem déficit em suas contas externas. Quando se dá o inverso, há superávit. A taxa de câmbio exerce grande influência nas contas externas. Ver capítulo 4.

corretoras de valores Empresas que fazem para terceiros compras e vendas de ações, títulos, ouro e outros produtos financeiros. Atuam nas Bolsas de Valores e de Mercadorias. Ver Introdução.

distribuidoras Empresas que cumprem o mesmo papel das corretoras, mas não têm acesso às Bolsas. Ver capítulo 1.

fundos de investimento Normalmente administrados por bancos, reúnem o dinheiro de vários investidores para fazer aplicações mais rentáveis. Existem fundos de renda fixa (aplicam em papéis que rendem juros) e de renda variável (aplicam em ações e derivativos, por exemplo), mais combinações das duas modalidades. Há no mercado fundos com diferentes prazos e graus de risco, dependendo do interesse do investidor. Ver Introdução.

hedge Operação em que uma pessoa ou empresa busca se proteger de variações do mercado. Se um importador, por exemplo, teme uma alta do dólar, pode comprar a moeda norte-americana no mercado futuro. Nesse mercado, os que buscam proteção são chamados de *hedgers*, enquanto os demais participantes são especuladores. Ver capítulo 3.

IOF Sigla do Imposto Sobre Operações Financeiras, também usado no Brasil para controlar a entrada de capital estrangeiro, principalmente o trazido por especuladores. Quando o governo quer conter o ingresso de investimentos externos, eleva o IOF sobre as operações que deseja regular; quando precisa de dinheiro do exterior, a taxação cai. Ver capítulo 4 e Conclusão.

juros básicos São os juros cobrados pelo Banco Central nas suas operações com os bancos. São assim chamados por servirem de referência para o resto da economia. Quando o governo eleva os juros básicos, é praticamente certo que os bancos também elevarão as taxas cobradas de clientes e pagas a poupadores. Ver Introdução, capítulos 2 e 4 e Conclusão.

liquidez Diz-se que um mercado tem liquidez quando os produtos negociados (imóveis, carros, ações, moedas, títulos etc.) podem ser convertidos facilmente em dinheiro. O mercado de ouro tem mais liquidez que o mercado de livros, por exemplo, assim como títulos do governo dos Estados Unidos têm mais liquidez que os do governo do Senegal. Os especuladores dão maior liquidez aos mercados, porque aumentam o número de compradores e vendedores. Ver capítulo 1.

mercado de opções Como os mercados futuros, são uma das modalidade de derivativos. No caso, em vez de se negociar, por exemplo, dólar com uma data futura, negocia-se uma opção de comprar ou vender a moeda, também no futuro. É possível, assim, comprar uma opção de venda de dólar a R$ 2 dentro de um mês; se na data combinada o dólar estiver valendo R$ 2,10, a opção não será exercida (porque não seria vantajoso vender a R$ 2 o que vale R$ 2,10); se na data combinada o dólar estiver valendo R$ 1,95, a opção será exercida. Ver capítulo 3.

mercado primário e secundário Chama-se de mercado primário a compra de ações e títulos que acabam de ser lançados – é quando os governos e as empresas efetivamente conseguem dinheiro com a venda de papéis. No mercado secundário, investidores negociam as ações e títulos entre si, e a presença dos especuladores é importante. O mercado secundário não gera recursos para empresas e governos que lançaram títulos, mas sua existência é importante para determinar a aceitação dos papéis. Ver capítulos 1 e 2.

quarentena Uma das formas de controlar a entrada num país de dinheiro trazido por especuladores. Consiste em fixar, por lei, um prazo mínimo para a permanência dos investimentos financeiros. Já foi adotada no Chile e proposta no Brasil pelo PT. Ver Conclusão.

soft landing Expressão em inglês que significa "pouso suave". É o que o Fed (banco central dos Estados Unidos) procurou fazer com a economia norte-americana a partir de 1999: reduzir gradualmente a produção e o consumo, em níveis considerados insustentáveis, evitando uma queda abrupta (*hard landing*) ou mesmo um *crash* Ver capítulo 5.

spread Acréscimo na taxa de juro. Quando um banco paga 6% ao ano para os poupadores e cobra 8% ao ano nos empréstimos que concede, seu lucro vem do *spread* de dois pontos percentuais. O Brasil, por ser considerado um devedor de risco, paga um *spread* sobre as taxas cobradas dos países desenvolvidos quando toma empréstimos externos. Ver capítulo 2.

swap Outro tipo de derivativo, que, como os mercados de futuros e de opções, serve para que empresas e pessoas se protejam de riscos com a variação de taxas e preços. No *swap*, faz-se uma troca da correção de uma dívida ou de um investimento. Exemplo: uma empresa que tem investimentos em marcos alemães e dívidas em dólares pode, para evitar riscos com a variação das moedas, trocar a correção dos investimentos para o dólar, ou a das dívidas para o marco – desde que, é claro, encontre um investidor disposto a fazer a operação inversa. Ver capítulo 3.

BIBLIOGRAFIA E SITES

Os fatos ocorridos entre os anos de 1994 e 2000 e narrados neste livro foram consultados nos arquivos do jornal *Folha de S.Paulo*.

Não são comuns obras que tratem especificamente da especulação, mas os demais fatos abordados, a teoria básica e os principais conceitos referentes ao mercado financeiro podem ser estudados nos seguintes livros:

Mike Dash, *Tulipomania: the Story of the World's Most Coveted Flower and the Extraordinary Passions It Aroused*. New York: Crown Publishers, 2000.

Eduardo Fortuna, *Mercado Financeiro: Produtos e Serviços*. Rio de Janeiro: Qualitymark, 1997.

James Gleick, *Caos: a Criação de uma Nova Ciência*. Rio de Janeiro: Campus, 1990.

John Hull, *Introdução aos Mercados Futuros e de Opções*. São Paulo: Bolsa de Mercadorias e Futuros, 1996.

John Maynard Keynes, *A Teoria Geral do Emprego, do Juro e da Moeda*. São Paulo: Atlas, 1982.

Charles P. Kindleberger, *Manias, Pânico e Crashes: um Histórico das Crises Financeiras*. Rio de Janeiro: Nova Fronteira, 2000.

Paul Krugman, *Vendendo Prosperidade: Sensatez e Insensatez Econômica na Era do Conformismo*. Rio de Janeiro: Campus, 1997.

Paul Krugman e Maurice Obstfeld, *Economia Internacional: Teoria e Política*. São Paulo: Makron Books, 1999.

Maria Bárbara Levy, *História da Bolsa de Valores do Rio de Janeiro*. Rio de Janeiro: Ibmec, 1977.

Maria Teresa Ribeiro de Oliveira, "Encilhamento: Controvérsia e Efeitos Sobre a Indústria Têxtil Mineira". Em: *História Econômica e História de Empresas, I.2*, 65-87, 1998.

David M. Raup, *Extinction: Bad Genes or Bad Luck?* New York: Norton, 1992.

José Márcio Rego (organizador), *Retórica na Economia*. São Paulo: Editora 34, 1996.

Stephen Ross, Randolph Westerfield e Jeffrey Jaffe, *Administração Financeira (Corporate Finance)*. São Paulo: Atlas, 1995.

Paulo Sandroni, *Dicionário de Administração e Finanças*. São Paulo: Best Seller, 1996.

Lauro de Araújo Silva Neto, *Derivativos: Definições, Emprego e Risco*. São Paulo: Atlas, 1998.

Visconde de Taunay, *O Encilhamento: Cenas Contemporâneas da Bolsa do Rio de Janeiro, em 1890, 1891 e 1892*. São Paulo: Itatiaia, 1971.

SITES

Banco Central do Brasil: www.bcb.gov.br
Bolsa de Mercadorias & Futuros: www.bmf.com.br
Bolsa de Valores de São Paulo: www.bovespa.com.br

O artigo de Joan e Richard Sweeney sobre a crise da cooperativa de *baby-sitting* de Capitol Hill pode ser encontrado no endereço www.faculty.econ.nwu.edu/faculty/witte/B01/handouts/sweeneys.html

Pode-se encontrar a defesa, por James Tobin, de um imposto sobre transações financeiras no endereço www.iona.edu/academic/arts_sci/orgs/eea/tobin/htm

Uma das várias organizações que fazem campanha pela adoção do Imposto Tobin possui a homepage www.tobintax.org.uk

SOBRE O AUTOR

Gustavo Patú é jornalista. Na *Folha de S.Paulo* desde 1992, foi repórter e coordenador de economia da sucursal de Brasília. Participou da cobertura do Plano Real e dos ataques especulativos de 1995/7/8/9. Atualmente é secretário-assistente de redação, em São Paulo, sendo responsável pela edição da primeira página do jornal.

FOLHA
EXPLICA

Folha Explica é uma série de livros breves, abrangendo todas as áreas do conhecimento e cada um resumindo, em linguagem acessível, o que de mais importante se sabe hoje sobre determinado assunto.

Como o nome indica, a série ambiciona *explicar* os assuntos tratados. E fazê-lo num contexto brasileiro: cada livro oferece ao leitor condições não só para que fique bem informado, mas para que possa refletir sobre o tema, de uma perspectiva atual e consciente das circunstâncias do país.

Voltada para o leitor geral, a série serve também a quem domina os assuntos, mas tem aqui uma chance de se atualizar. Cada volume é escrito por um autor reconhecido na área, que fala com seu próprio estilo. Essa enciclopédia de temas é, assim, uma enciclopédia de vozes também: as vozes que pensam, hoje, temas de todo o mundo e de todos os tempos, neste momento do Brasil.

1 MACACOS — Drauzio Varella
2 OS ALIMENTOS TRANSGÊNICOS — Marcelo Leite
3 CARLOS DRUMMOND DE ANDRADE — Francisco Achcar
4 A ADOLESCÊNCIA — Contardo Calligaris
5 NIETZSCHE — Oswaldo Giacoia Junior
6 O NARCOTRÁFICO — Mário Magalhães
7 O MALUFISMO — Mauricio Puls
8 A DOR — João Augusto Figueiró
9 CASA-GRANDE & SENZALA — Roberto Ventura
10 GUIMARÃES ROSA — Walnice Nogueira Galvão
11 AS PROFISSÕES DO FUTURO — Gilson Schwartz
12 A MACONHA — Fernando Gabeira

PUBLIFOLHA
www.publifolha.com.br

Este livro foi composto nas fontes Bembo
e Geometr 415 e impresso em abril de
2001 pela Gráfica Círculo, São Paulo,
sobre papel offset 90 g/m², com fotolitos
fornecidos pela Publifolha.